JN063536

敏感で生きづらい… HSPが

『世界は自分で創る』

《ライブ配信100回チャレンジ》が
教えてくれた心の声

始めました!

@keiko_hotaruboshi 著

ヒカルランド

敏感で生きづらい……

HSPが
『世界は自分で創る』
始めました!

《ライブ配信100回チャレンジ》が
教えてくれた心の声

世界は自分で創る

Happy ちゃんの「心に従って生きる方法」を
実践している人たちの中に、
私と同じような方が、
HSP（ハイリーセンシティブパーソン）の方が
いらっしゃるかもしれない。
その人たちに向けて書かなきゃ。
内側が猛烈に、
そのメッセージを発してくるから。
2019 年、自らの実践を一冊の本にしようと決めました。

沈黙が恐怖で
機関銃の様に喋ってしまう

あーで
こーで

だから人と会って
家に帰ったら

ぐったり

人と会う約束の日が
近づく度に緊張し

ドキドキ

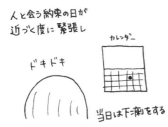

カレンダー

当日は下痢をする

人の顔色、表情に敏感に反応してしまう

その人の真意をよみとって動揺してしまう

未だに
"あそぼう"って
言われると

オニゴッコを
イメージしてしまう

あそぶって何?
大人になってから
わからなくなった

私にとっては
カラオケもお茶もランチも
映画も……
"お付き合い"のカテゴリーに
分類されてしまう

暴力シーンや怒鳴り声
不快なニュースは耐えられないし

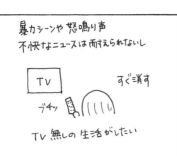

TV

すぐ消す

ブチッ

TV無しの生活がしたい

ゲームセンターやパチンコ店の中には
長く居れない

無理〜

特につらいのは
人に囲まれると
視線に耐えられない
　　こと

あわわわわ

見られると
本領発揮
できない

ひとりが超気楽

パアアアア

そんな自分が
不思議で
たまらなかった

6

思っていることが言えない
自分のせいで誰かが
傷つくのが耐えられない

結婚後は嫁として
ちゃんとやらなきゃ ちゃんとごはん作って
ちゃんと義実家と関わって
　　　ちゃんと　ちゃんと
　　　　　　　ちゃんと…‥

ある時 テレビを見たまま
起き上がれなくなった

のどに何か詰まっている感覚で
指を入れても取れなくて

オエッ

何も出ない

ニキビ
ひどい

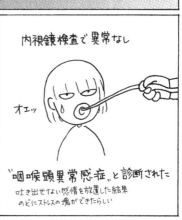

内視鏡検査で異常なし

オエッ

"咽喉頭異常感症"と診断された
吐き出せない感情を放置した結果
のどにストレスの塊ができたらしい

そんな時です。ハッピーちゃんの
存在を知ったのは。

ん？この世は
見えない世界
95%？

だれ？
この人

アメブロ →

パソコン

そこには 見慣れない
言葉が書かれてあった

『ボルテックス』

『ハイヤーセルフ』

なんだ
それは

私が今まで見てきた本とは 全く異質なものだった

地球で あそぶ？？

この世は
修行じゃなかったの？

格言とか
読んでたけど

ほんにゃ
しんぎょう

ハイヤーセルフ. 自分の心の声に従う
実践方法が緻密に書かれてあって
むさぼるように読んだ

今まで
読んだものとは
全然ちがう

切りこみ方はちがうけれど
それは現代解明されている
脳科学、心理学等の
見地と合致していた

他人に操縦席[1]をゆずらない
"世界は自分で創る"
・・・・か・・・っ

実は私、子供の頃はこう見えて
クラスの人気者だった

給食後は私の取り合いになり
廊下を横列に歩いたり

正義感旺盛で給食時間に
牛乳をこぼす子がいたら
真っ先にかけつける

大丈夫ー!?

ぞうきん

人類
皆兄弟

夢は白衣の天使

そんな子供だったのに・・・・

・・・・・・

いつの間にか
そんな自分にフタをして
生きてきたんだなあ

1　操縦席：自分自身を動かす要。一切の行動選択に責任を持つという意識の領域のこと。

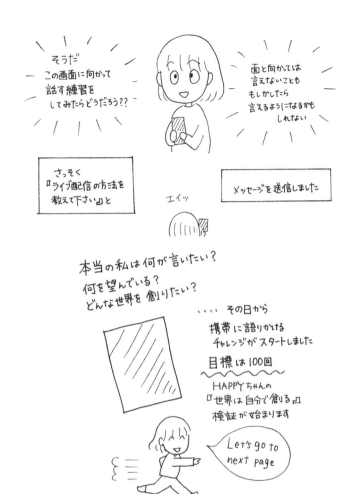

Happy ちゃん……

Happy 流「エイブラハム、バシャールの宇宙理論、引き寄せの法則」をリアルタイムで実践・報告し続けた Happy ちゃんのブログ（2014 年 3 月 27 日～ 2018 年 12 月 26 日）は開設からわずか 2 年で 1 日 20 万（月間 400 万）アクセスを記録した。前半、思考が現実化していく 185 日の記録をまとめた『世界は自分で創る　上』（Happy 著 / ヒカルランド）はベストセラーに。続いて下巻（全 3 冊）もヒカルランド社より出版されている。本名：竹腰紗智氏（本書では敬愛を込めて Happy ちゃんで統一する）。2019 年 1 月 2 日開設のブログ『私の頭の中』は 2019 年 7 月 19 日『祭 THE ONE』主催を最後に幕を閉じ以降もその活動は多岐にわたる。

まえがき

　はじめまして。Happy ちゃんの『世界は自分で創る』理論を実践しているハイリーセンシティブパーソン（以下、HSP という）の @keiko_hotaruboshi と申します。

　HSP とは生まれつき敏感な気質を持った人で、日本では５人に１人が敏感すぎて困っていると言われています。

　いつも人の目を気にして、人前では緊張で話ができなかった私。どうしたら話せるようになるだろう？　どうしたら堂々とした自分自身で在れる？　そう模索していたある時、ひとつの考えが浮かびました。「人前で話すことが苦手な人間がライブ配信を 100 回やったらどうなるだろう？」と。外側意識²で生きてきた人間が内側意識²で自分を語り始めた時、人は自分を表現できるようになるのでしょうか。

　今回、その挑戦を実際に行い、全容をまとめてみました。

　ライブ配信、やってみたいけど何をするの？　何を話すの??　興味はあるけれどできない、躊躇している。そんな方々へこの本が届くことを願っています。

2019 年 12 月 1 日

※なお、Instagram のライブ配信機能は 2019 年時点での基本操作をご紹介しています。
　以降、変更が生じている可能性があるので、その時点での使用法をご確認ください。

2　外側意識／内側意識：外側意識とは他者の反応に左右される意識のこと。
内側意識とは外側意識の逆を指します。内側意識は外側の影響を受けない主体的な意識です。

HAPPYちゃんの
"ワクワクの公式に従う"
という方法を知った時
ものは試しだ！ そう思って
動いてはみたものの

人生は修行じゃ
なかったのかあ〜

楽しんじゃって
いいのか〜

基本的に自分を責める
癖があるから なかなか
このままの私で良いとは
思えなかった

本当の私は
愛にあふれているんだよね？

だけど すぐに
自分責めに戻る

いったい
何なの これは…？？

そんな時です
HSPという概念を
知ったのは

Highly sensitive person
ハイリー・センシティブ・パーソン

何それ

とある書店にて

周りが気になる　　嫌だと言えない　　傷つきやすい
敏感過ぎる自分に困ってます　　　　　自分責めが得意

こうした気質の人は、HSPと呼ばれ、アメリカの
エレイン・N・アーロン博士らによって研究が進められています。

読んでいるうちに、自分に
当てはまることばかりで
衝撃を受けた

わ……
わたしのこと
やん……

その後、HSP関連の本を読み漁りました
そこで気づいた事、それは……

エイブラハム
感情の22段階

これは……
HSPは元々感情の下位を
うろついてる事になるじゃん!!

1. 感謝・喜び
2. 情熱
↓
21. 罪悪感
22. 恐怖・苦悩

そうか、だからかも。
だから苦しかったのかもしれない

この気づきで
自己受容が
一気に高まりました

自分を責めてしまう感情
　　それは私　それも私の特長

その上で、私にも本当は力があるんだと
　　　　　思えるようになった。

罪悪感

よろしく
私の一部

君がいることが
わかった上で
私はワクワクに
従ってみるよ

＜ 自己受容について ＞

BY: 松丸政道氏
HAPPY SCHOOL にて

自己受容は建築でいうと (土地)
自己受容ができていないと
ぬかるんでいる。沼地。

セミナーetc.へ行って
その時 豪邸[3]を建てて
やる気になったとしても
重さで沈む

まずは 土地を強くすること。
(それは 人に助けてもらっても良い)

土地はぬかるんでいました。

なぜなら

人前に立てない

人の目が気になる

話に入れない

私なんて無理

どんどん 土地に
自己否定の水をまいてました。

私の場合

3　豪邸：ここでは、完全無欠の自分であるかのように錯覚することを指します。

しかし
HSPという
概念に出合い

これだったんだ！！

そうか
だったら
仕方ないじゃんか
（良い意味で）

過去の自分を受け入れることで
急速に自己受容が進みました。

⇩

土地が整地されて
初めて やりたいことを
このままの私で
やってみようと思えました。

（自分の建てたいものを建てる）

自己表現

⋮
▼

それが 私の場合、
ライブ配信チャレンジでした。

Contents

chapter 1 　　ハイハイ編　1回目〜30回目

chapter 2　つかまり立ち編　31 回目〜 54 回目

chapter 3　　歩行編　55 回目〜84 回目

chapter 4

スキップ編　85 回目〜 100 回目

ありがとう

カバーデザイン　設樂みな子
校正　麦秋アートセンター
編集協力　sakiko_hotarboshi

ライブ配信 100 回チャレンジの
ルールと目標

　今回、ライブ配信 100 回チャレンジに際し、Happy ちゃんが唱えている以下の点を特に心に留め実践しました。

- ・ワクワクの公式に従う
  （その瞬間最大限ワクワクすることを最大限行動に移す。
  結果を期待しない）
- ・望む世界にフォーカスする
- ・固定概念（観念）をはずす
- ・操縦席に自分が座る（他人を乗せない）
- ・心の声を聞く（感情がセンサーとなって教えてくれる）
- ・一念（最初に湧いた思考）に従う

目標

どこにいても誰といても外側に合わせて話すのではなく、
内側の意識で話せるようになる

Chapter 1

ハイハイ編
1回目〜30回目

ライブ配信ってどうやるの？
どこで何を話せばいいの??
何もかもが初めてのことだらけ。

こ……
こんにちは

◢ 最初は一言も話せなかった！

　Instagram に登録して、さぁ、ライブ配信をやってみよう。

　え？　誰に向けて話すの？　そんな疑問が湧きますよね。

　貴方に、もしフォロワーが誰もいない状態で、非公開設定でライブ配信をスタートすればひとりで話す練習ができます。その場合は誰に聞かれることもありません。24 時間はそれを保存したものを試聴可能です。非公開設定にしていない場合は誰にでも閲覧される状態です。

　もしも、特定の人に向けて話がしたければ、非公開設定にして、こちらが承認した特定の人にだけフォロワーになってもらいます。

　私の場合は、Instagram に登録して繋がった何人かの方々がいらしたのでまずはその方々に向けて発信してみることにしました。「自分の記事を読んでくださって、ありがとうございます」と。まずは一言伝えてみようと思ったのです。

　ところが……、1 回目・2 回目は「ライブ配信開始」の表示を押したのですが一言も話せず逃走してしまいました。

2回目の時、ライブ配信機能をよくわかっていなかった私は、シェア (保存)を選択してしまい、
1分間の無言配信が24時間保存されてしまいました。後にそれを見た人から「喋らんのかーいww」と
つっこみのメッセージが届きました。

☕ コラム ★ライブ配信方法

① 自分のInstagramの
ページを開いたら
自分のアイコンをタップ

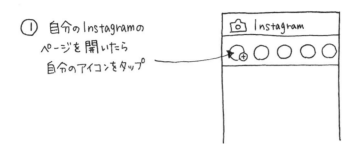

② ライブを選択すると
現在オンライン中のフォロワーさんが
何人いるか表示されます。
誰も居ない場合は
〝一部のフォロワーにライブ配信
通知のお知らせがいきます〟と
表示されます。
どちらにしても、フォロワーの方々には
〝@keiko_hotaruboshi さんのLIVE配信
が開始されました〟と通知が
送られます。

③ ライブ
((•)) をタップすると配信が始まります。(最大1時間)

だけど 誰も来てくれないのは
もっと つらいっっ

▽とにかく開始してみる@イートインスペース

　１回目・２回目はピンポンダッシュさながら逃走してしまいました。これはかなりのハードルだと感じたのです。だって誰が参加してくださるのかもわからないのです。なかなか凄いチャレンジを始めたものだと、一瞬このままやっぱり撤回しようかと考えがよぎったのですが、でも「やる」と決めたのです。

　人は初めてのことに対して、必ずと言っていいほど「不安」と「恐怖」を感じるもの。不安・恐怖と戦わない。その感情を許可することだと、どこかで聞きました。

　初めてなのだから緊張して当たり前！　OK! OK !　これが普通！　そう言い聞かせて。さぁ。今度は押しますよ。で……、どこで配信するかです。家の中？　外？

　……仕事帰りに近所の弁当総菜店のイートインスペースに居ました。そこが時間的に客も少なく、仕切りのあるスペースだったので、ふと「あ、ここでなら配信できるかも？」という気になりました。

　さぁ、押しますよ。今度こそ。いきおい、お相手（参加者）とカフェで一緒にお茶している体にならないかな？　ドキドキ胸は高鳴ります。震える指先でライブ配信開始の表示を押しました。

　目の前の珈琲を映しながら無言で数秒待っていると、ひとりの方からコメントが入りました。「初めまして、hotaruboshisan」わわわ……とにかく、とにかく一言伝えなきゃ。「初めてライブ配信をしています。繋がってくださってありがとうございました！」言えました。とりあえずそれを連呼して。初めての配信は終わりました。

ああ、感動した‼ ときめいた！ 誰かの世界と繋がった！
この瞬間を忘れることはないでしょう。

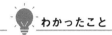 わかったこと

**ほたるぼしさんってコメントで入力するのって hotaruboshisan 14 文
字。これって大変だろうなって。コメントを打つ人のことを考えました。**

　ちなみにこちら側、配信者は来てくださった方のアイコン（プロフィー
ル画像）横のユーザーネームが名前だとわかりやすい（ユーザーネームと
は@の後に続く文字列のこと。変更可能です）。

…ライブ配信4回目…

▽何を話す？聞きたい人ほんとにいるの？

　さぁ前回初めて第一声を上げることができました。いよいよ挑戦が
始まったわけです。ライブ配信の表示を押そうとすると鼓動の高鳴り
を止められません ((-_-;) このまま、思っていることを話すなんてまだ
まだできそうにありません。そんな時は、手元に何かあると、助けに
なるなと感じました。
　考えを口にする前に、そこに在るものをただ紹介して終わる。そん
なことをやってみようと思い至りました。

『お誕生日新聞』というものをご存じでしょうか？

　その頃、親戚の喜寿と還暦祝いのためにこれを購入したところでした。出生日及び、出生日から5年後、10年後等に発行された話題の新聞紙面が冊子となっているのです（最後のページには社会情勢年表もあり）。

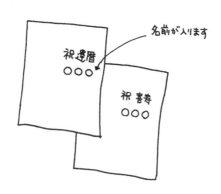

　もしかしたら、中身が気になる方がいらっしゃるかもしれないな。贈り物の参考になるかもしれない。そんな訳で自宅の居間でセッティングし片手で携帯を持ちライブ配信を開始しました。すると、前回初めてコメントをくださった方が再び参加してくださいました。

　新聞を映す手が緊張で震えました。携帯スタンドが必要だと実感。時間的には 10 ～ 15 分程度だったのですが、話している途中で「長いか??　これ、聞きたい人ほんとにいるのか??」と"外側意識"になり、後半は何を喋ったのか、緊張で思い出せません……。

…ライブ配信 5 回目…

▽できることは何?　好きな詩を紹介する

　前回、『お誕生日新聞』を紹介してみて、何もなしで話すより何かを見ながら話す方が断然ハードルが下がると感じました（読めば済むので）。

　それじゃあ、何を読もう?　長い文章はまだ、難しい。読んでいるうちにまた「これ、聞きたい人いるのか?」と思ってしまいそう。短い文章なら、できそうだ。短い文章と言えば、詩です。

　休日は本屋巡りをするのが好きで、好きな文章の紹介なら得意な方かもしれません。本棚から一冊本を取り出しました。テーブルの上に置き、ライブ配信をスタート。

　……誰か来てくれるかな……。

　するとまた前回、前々回とお越しくださった方と他に 2 人。計 3 名の方がご参加くださいました。

『神様が書いた4つの詩』
（星加海　絵、おかのきんや　編訳／きこ書房）
世界中で愛されているのに、誰も作者を知らない、不思議
な詩たち。大切な人に贈りたい、人生を豊かにする4つの
「気づき」（帯文より）

　音読しているうちに途中から涙声に……。思いのほか詩の世界に感
情移入してしまったのですが、それに加え、3回も同じ方がご参加く
ださったことに感激したのです。

 わかったこと

　3度連続でお越しくださった方、実は自宅で物作りの仕事をなさってい
る方でした。参加しやすい状況の方だと納得しつつ感謝。そして、携帯ス
タンド、まだ買えてない！　買おう！

▽『ドラえもん短歌』を紹介してみる

　前回、詩を読んでみて。緊張が長引く前に、好きな文章を紹介してさっと終えてみる。これならできそうだと実感しました。そして好きな文章を読んでいる時は、その「好き」のワクワクのエネルギーが言葉を後押ししてくれる。そんな発見があって、「よし次も！」と本棚を漁りました。

　今度はもっと短い詩、短歌です。

段取りよく
めくれるように
したいな

楽しんで
もらえたらいいな

読みたいページに
フセンを
貼っていく

『ドラえもん短歌』

（枡野浩一　選／小学館）
僕たちみんなの共通語＝「ドラえもん」の仲間たちや、ひみつ道具を詠み込んで作る歌、それが、「ドラえもん短歌」。
―歌人・枡野浩一の呼びかけに、全国から続々と寄せられた傑作の数々。（カバー裏より）

自転車で　君を家まで　送ってた
どこでもドアが　なくてよかった（仁尾　智）

失恋をグウで殴って　もう決めた
私　今日から　ジャイアンになる（百田きりん）

大丈夫　タイムマシンがなくっても
あの日のことは　忘れないから（加藤千恵）

　3、4人の方々がご参加くださいました。「おもしろい！」とコメントが流れてました。

なんか…
自分の好きを
紹介できるって
嬉しいかも

それを心から
楽しめたら…
どんなに良いだろう

今はまだ
無理だけど

▽頭が真っ白になった結果……無言配信！

仕事は看護師で
短時間のパート勤務を
しています

私には仕事が
終わったら いつも行く
場所があります

ふー

それはカフェ
もしくは
イートインスペースの
ある場所

家に帰る前に
大抵1時間休憩して
帰ります

1人時間が無いとやっていけない

今日はその場所2度目の
ライブ配信を始めてみる

カッ

そう決意
していたのです

キョロ キョロ

お客さんが居ない時を
見図らって
スタッフが来ない事を
確認して

※ 少し個室風に仕切られた
スペースです

携帯立て
買いました →

☕ コ ラ ム ★無言配信という方法

ライブ配信は〝無言配信〟という
　　　方法も あります。

例）話したくても 声が出せない時 etc

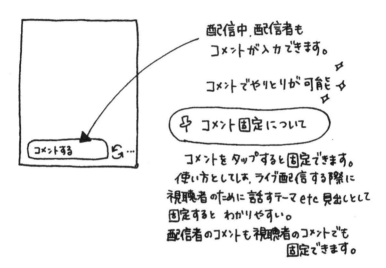

配信中,配信者も
コメントが入力できます。

コメントでやりとりが可能 ✧

（ 🔃 コメント固定について ）

コメントを タップすると 固定できます。
使い方としては,ライブ配信する際に
視聴者のために 話すテーマ etc 見出しとして
固定すると わかりやすい。
配信者のコメントも視聴者のコメントでも
　　　　　　　　　固定できます。

▽ライブ動画を保存しない選択

　Instagram で繋がった方のお茶会に参加する機会があり、今回はその時の出来事を話してみようと思いました。ドキドキしながらライブ配信をスタート。

　ところが……、知り合った方の話をしている最中、体がカチコチに固まってきました。「勝手に話のネタにされている」と捉えられたらどうしよう？　と。そんな訳で2、3名程のご参加があったのですが、保存はせずに消去してしまいました。

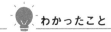 わかったこと

　私のライブ配信は非公開設定ではなかったので、不特定多数の方に聞かれています。話す時は個人情報に留意しましたが……。体と心がひりひりする感覚。何を言われるだろう。どう思われるだろう。話の最中、エネルギーが落ちていく自分をありありと感じました。あぁ、いつもの感じです。この感じを払拭しないと私はいつまでも人前で話なんてできないぞ。本来の自分自身で在るということからずれている状態です。

　後日、話の内容をお茶会をしたお相手の方に話しましたら「全然喋ってくれてOKだよ〜＾＾」との返答で安堵しました。

　用意した本を読んで終えるのは発声練習。実体験を話すことは……それに関わるお相手のことが気になるのです。

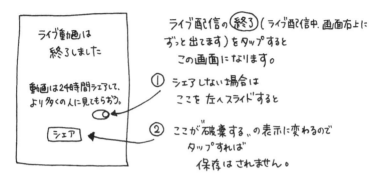

ライブ配信の（終了）（ライブ配信中、画面右上に
ずっと出てます）をタップすると
この画面になります。

① シェアしない場合は
　　ここを 左へスライドすると

② ここが "破棄する" の表示に変わるので
　　タップすれば
　　　保存はされません。

（図中の文字）
ライブ動画は
終了しました

動画は24時間シェアして、
より多くの人に見てもらおう。

シェア

コメント参加の方とやりとりしてみる

　ライブ配信を開始してみてわかったこと。それは、話しながらコメントを読むのは困難ということ！　自分が話すことに必死で、コメントが追えないのです。ですから、コメントを頂いても対応ができず、後で保存を見返してから「ああ、折角話しかけてくださってるのに、私無視してる‼」とわかるのです。

　そういう時は後でその方へDMし、すみませんと謝ったりしていました（これは、前半にしていたこと。後半はしていませんが(´∀`)）。

　それで、今回はできるだけコメントを見てみよう、そう思いドキドキしながらライブ配信を開始しました。その前に誰か来てくれるのかもわかりませんけど！

　絵に文章をつけたり、詩を書いたりすることが好きでインスタ内でもそんなことをやっていますと話していたらコメントでイラストレーターの方がいらっしゃいました。すると、このことがきっかけでこの配信中、コラボしましょうという流れに！

　その方のイラストと私の詩のコラボ作品が生まれました。

　しどろもどろで話しつつ、まさかの流れに驚きです。

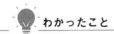 わかったこと

ライブ配信から、思わぬ出会いや、企画が生まれることがある。それは兎にも角にも自分から発信しなければ始まらない。でもまさか、こんなことが自分の身に起こるなんて！

★ライブ配信中のコメント対応

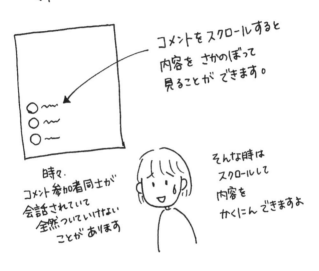

ライブ配信中、
くださるコメントについていけない時は

コメントをスクロールすると
内容を さかのぼって
見ることが できます。

時々.
コメント参加者同士が
会話されていて
全然ついていけない
ことが あります

そんな時は
スクロールして
内容を
かくにんできますよ

▽自分のことを話してみよう。私の趣味は……

「自己紹介」が大の苦手です。何かの集まりに参加した時、求められたら心拍数は急上昇。自分の番が来るまでは気が気ではありません。注目されて、視線が集中するのが怖いのです。完全に"外側意識"です。しかしまぁ、それを改善するために、このライブ配信チャレンジを始めたわけです。練習しようじゃないですか。

そんな訳で、自己紹介として習い事の話をしてみました。注目が苦手と言いつつ、実は私はフラメンコを習って4年。人前で踊っています。え？　フラメンコ??　HSP気質とは真逆の踊りじゃない??　きっとそう思われることでしょう。

フラメンコは内側の歓喜や苦悩を赤裸々に表現した、魂の舞踏と言われています。私も人前で、全身を使って表現してみたい。そのことと日々格闘しているのです。何より曲調に痺れているのですが！（フラメンコについては66回目にも記述あり）

それにしても自分のことを語るのになぜこんなにも緊張するのでしょう。やはり反応が怖いのでしょう。話しながら手は震えていました。

▽最も好きな本を紹介してみる

携帯スタンドを買いました。これで手で持たなくて済みます(^▽^)

さぁ、自己表現です。**自分の見たい世界を映し出し自分の見たい世界を語るのです。望む世界にフォーカスだ。**

家での配信は、テーブルの上を片づけて、画面にテーブルだけが映るようにセッティング。今度は自分が最も好きな本を紹介してみよう。そう思い、ライブ配信をスタートさせました。家族は誰もいません。自分ひとり。指は緊張で震えますが、もう携帯がぶれることはありません。固定できるスタンドがあるのですから、心強い味方です！

『サンタクロースっているんでしょうか?』

（中村妙子　訳、東逸子　画／偕成社）
サンタクロースって、ほんとうに、いるんでしょうか？ 8歳の少女の質問にこたえ、ある新聞社が、愛情をこめて、味わい深い返事をだしました。＜アメリカで実際にあった話で、今でも世界中の人びとに愛読されています。＞　（カバーそで文より）

「サンタクロースって、ほんとうに、いるんでしょうか？」8歳の少女の質問に、ある新聞社が社説で答えたもの。

自分が特に気に入っている箇所に付箋をつけて読んでみました。

　4名程の参加者がお越しでした。緊張はしましたが、『お誕生日新聞』の時ほど外側意識にはなりませんでした。「皆聞いて！　聞いて！」位に思ってしまった。好きな世界のことはどうやら発信したいらしい。

　宇宙全体では現状、観測できない見えないエネルギーが 96％、観測できる物質が4％。私たちの目に見えて知覚できる物質はほんの僅かでしかなく、この世の殆どが「波動（見えないエネルギー）」で成り立っている。

by Happy ちゃん

　サンタさんが愛の象徴だとしたら、私の世界には在ると映し出したい。

◢ライブ配信後、我に返って緊張する

　短時間のパート勤務が終わった後に通っていた店がありました。そこは 100 円珈琲と仕切られたスペースのある場所でした（ライブ配信 3 回目、7 回目に話をした場所です）。

　そこで 1 時間休憩し、本を読んだり、インスタの記事を書いたりして自分の世界に集中していました。仕事が終わって帰宅するとやらなければならない家事（シンクの洗い物や洗濯物等）が目に入って、気持ちが分散されてしまうから。ここでのひとりの時間を大切にしていました。

　ところが本日をもって、こちらのお店、閉店らしい。Σ (ﾟдﾟlll) ガーン！　見回すと店内の客は私ひとり。その旨を話してみようとライブ配信を開始しました。

　数秒待つと 3 名の方がご参加くださいました。いつもの方々です。「今日でここ閉まるんです。これからまた良い場所を探さないといけません」

　家での配信は誰にも見られないのがいいのですが、カフェの方が気持ちが解放される気がします。家だと天井が低いせいか、圧迫感があり、話していると窮屈になるのです。

　しかし、配信を切った後、誰もいない店内に私ひとりの声が静かに響いていて。ハッとしました。そこから猛烈な緊張感に包まれました。

　本当に、ライブ配信は度胸が試されます。

はっと
我に
かえると

ひとりで
しゃべってる

頻繁にカフェへ行くことに罪悪感を持って生活していたのですが、「気分を変えるために毎朝カフェで天国時間を作っていた」というHappyちゃんのお話や齋藤孝氏の本を読んで、気持ちは救われていました。

> 　仕事や日常生活から切り離された空間に一人座り整理をしていくと、メンタル・コンディションが整います。
> 　喫茶店は自分のメンタルを整えて、もう一度フラットにする場と言えるでしょう。
>
> 　喫茶店のように「公」と「私」の中間にある領域、公共の場所ではあるけれど、みんながプライベートな話もしている、という「半公共的な性質の空間には、頭をクリエイティブな方向に働かせるいい空気が満ちています。
>
> 　　　　　　　　　　『15分あれば喫茶店（カフェ）に入りなさい。』
> 　　　　　　　　　　　　　　　　　　　（齋藤孝　著／幻冬舎）

…ライブ配信13回目…

▽カフェ店員の視線に動揺する

　いつも通っていたお店が閉店してしまい、困りました。そこはライブ配信に絶好の場所だったからです。家より外。公園よりカフェが良い。できれば仕切られた個別の空間ならベスト。そんな理想の場所はないかと探し回っていると、新たなカフェを発見しました。広い空間

ですが、運よく客はいない様子。そこで配信を始めてみることにしました。

　配信内容は……。先日『ネバーエンディング・ストーリー』の人形劇を鑑賞したところだったので、その感想です（原作本と人形劇のパンフレットを持参して）。

　5名程の方がご参加くださいました。

　すると開口一番ある方から「100円珈琲のお店はどうしたの？」「新しい場所見つけたの？」とコメントが流れてきました。状況をわかってもらえていることにテンションは急上昇！　しかし……、広い店内の隅で配信をして、レジ店員さんの視線を感じます。

「何やってるの？　あれ何？」という声が今にも聞こえてきそうです。コメントの方と会話を交わしている時は、ワクワクのエネルギーが湧いたのですが（内側意識）、視線を感じた瞬間にその気分は消滅しました（外側意識）。

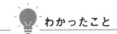 **わかったこと**

"内側意識" と "外側意識" のエネルギーの差です。この時から、配信後、保存を聞き返しながら自分が何パーセント内側意識で話せているか確認を始めることにしました。

改めて聞き直すとよくわかります。嘘笑いをしている、言いたい言葉を飲み込んでいる、本音ではないことを本音のように話している等々……。これでは、誤解されやすいと感じました。色々と課題山積です。

ところで、今はまだこのツールを利用する人は少ないけれど、数年後の未来にはライブ配信が当たり前の時代が来るのではないかと思います。

ライブ配信は 終了後
シェアを選択すると、24時間
保存となります。

(やっぱり 消したい!! と思ったら
保存後でも 削除は可能)

動画の画面 左下 ☕ マークをタップすると
閲覧者 が 表示 されます。

　例) この場合、24名

リアルタイムで 参加してくださった方、
保存を見てくださった方
両方 表示されます。

時々、予想もしていなかった人が
見てくれることがあって
そんな時は 驚きます

えっ

こんな人が
見に来てくれてる!!

いつか HAPPY ちゃんが
来てくれたら いいな～ ♡

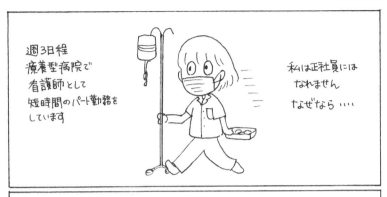

週3日程
療養型病院で
看護師として
短時間のパート勤務を
しています

私は正社員には
なれません
なぜなら‥‥

ズラーーーッ

申し送りの時間になると
人に囲まれるからです

スタッフ

※ 申し送りとは、患者さんの
容体や医師の指示etc
次の勤務者に
伝達すること。

あわわ川

申し送りが
できません

頭が真っ白に
なるのです

耐えられない

視線

視線

視線

視線

※ 短時間勤務だと、申し送る相手は
せいぜい1～2人位で済む

監視が無ければ
伸び伸び動けますが

ナースコール〜

点滴〜

採血〜

スタスタ

誰かに見られていると
途端に
効率が落ちます

じ〜

ビクッ

そして
失敗する

採血も見られていると
失敗するけど

あわわわ

じ〜

寝たきりや
意識不明の人なら
落ち着いて刺せます

ハイハイ編（1回目〜30回目）

また、短時間勤務にしている
最大の理由、それは…

休憩時間！！　昼食タイム！！！

その席に1時間
居ることが苦痛だから

話すことない
しんどい‥

だから私は
昼食無しの短時間
勤務で働いています

← フリー業務は
大得意

しかし、こんな私ですがきっと変われる気がしているのです。楽に
なれる気がしているのです。どこにいても誰といても自分自身で在れ
たら大丈夫なはずだから。そのためのライブ配信チャレンジです。

　ライブ配信はその場ではひとりで話をしていますが、イメージとし
てはコメント参加の方々に囲まれているような感覚でいます。

　目の前にはいらっしゃらないけれど、全国各地どこかで私の配信に
参加してくださっているのです。

　まずはこの状態から人前で話すことに慣れていこうと思いました。
皆の前で話をしているイメージで。

◢ ライブ配信が再会の場所になる

　Instagram を始める以前、私は毎朝アメブロ（アメーバブログ）を
綴っていました。「格言を意識すれば本当に道は開けるのか」なんて
堅いタイトルのブログを 3 年間、偉人の言葉を取り上げ実際に生活の

中で活用しようとしていたのです。中でも孔子の論語はよく登場しました。

「過ちて改めざるこれを過ちという」「勇にして礼なければ則ち乱る」「君子は和して同ぜず小人は同じて和せず」など。この世は修行だと思っていたから。

今から思えばひどく堅く、"自分自身"はどこへ行ったんだとツッコミたくなるようなブログでした。他人の言葉を信じていたのですね。

そんな中 Happy ちゃんの存在を知り、「自分自身の羅針盤に従って生きよう。格言とはさよならだ」なんて決意し、Instagram の世界へやってきました。

始めてしばらく経ったある日のこと。ある方からメッセージが届きました。それは私の、格言を扱った3年間のブログをフォローしてくださった方で、やめる時に一旦、お別れしましたが、Instagram の世界で新たに私を検索してくださったのです。

名はMさん。私はふと、「Mさんに……、ライブ配信に来てもらえないかな？？？」 と思いました。アメブロでは文字のやりとりしかなかったけれど、ライブ配信なら、生の声でメッセージを届けることができます。ワクワク、ドキドキ……(>_<) やってみたい。直感に従って。ワクワクの公式に従うんだ！

そんな訳で彼女に〇月〇日〇時にライブ配信しますのでお越し頂けませんかとメッセージしました。

当日、私は近所のアジアンカフェの広い貸し切りスペースへ向かいました。そこでひとり座り、何度も何度も時計を見ながら約束の時間ぴったりにライブ配信開始の表示を押しました。緊張で喉はカラカラです。

コメントが流れる画面の隅をジーーーーーッと凝視していました。

約束の時間を
まつ

ドキ ドキ　　ドキ
　ドキ　　　ドキ

するとその時、Mさんのアイコンマークが。あああMさん……。

「3年間ありがとうございました、これからもよろしくお願いします」

　実はこの時のこと、後でMさんに確認したらライブ配信に参加するのは初のことだったそうです。コメント入力に手間取ったとか(^▽^)

　そして嬉しい出来事は続きます。このことがきっかけで、Mさんとその配信にご参加くださった方々が繋がるご縁を結びました。大好きな人が大好きな人たちと繋がっていく。奇跡のような出来事です。

インスタ　　　アメブロ

フェイスブック　　　ツイッター

色んな SNS があるけれど
やめたら 消息不明と 思いきや
検索を かけて また 再会できるって
なんか ステキ だ

▽私の好きな世界観。自宅のコーナーを映す

　Instagram を始めたきっかけは「自分自身で在る」その生き方をしようとしている方々と繋がりたいと思ったから。その人たちの中でなら、自分のチャレンジをわかってもらえそうな気がしたのです。フォロワーはこの時 30 名程。配信を始めて密な関わりが増えてきました。そこで知り合った方々の記事を見ていたらある方がこんなことを書かれていました。

「皆の好きな物、ワクワクすることをコメント欄で紹介してください」

　えっ、何それ！　楽しそう！　瞬時にテンションが上がりました。**意図的にエネルギーを上げる。ボルテックス（エネルギーの渦）である瞬間を生み出そうという提案**。やりたい、やりたい！　即座にその方のコメント欄に綴りました。

　フラメンコ、珈琲、詩、オルゴール、文芸誌『詩とメルヘン』、アンティーク、カフェ、本等……。「好き」を語るって、なんて楽しいの！そうか、それなら……ライブ配信も、ただ単に「好きなもの」を紹介してみたら??　そんな訳で、自分が愛しているインテリア、部屋の一部分を撮影してみることにしました。

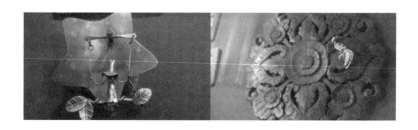

白い壁に緑の壁紙を張って壁掛けの『星に願いを』のオルゴールを飾っています。アジアンリーフにはクジャクのブローチをつけています♡

　映画『耳をすませば』の登場人物、せいじくんの祖父の館『地球屋』の場所を自宅に再現したくて、押し入れ下の小さなスペースを数年かけて改造しました。

　物語の世界観。自分がこだわっている世界観をお見せするのは思った以上にエネルギーが高まります。コメント参加の方々から「他も見せて」とリクエストを頂戴しましたが、個人情報が漏れない範囲で撮影してみました。ああ楽しかった。

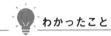 **わかったこと**

　自分が発するエネルギーは、目には見えませんが、発している時の体と感情の反応が教えてくれます。人は好きなことを語る時、エネルギーが高まる。私は私を客観視し始めました。

　この頃、繋がった方々から「ホタルボシさんって名前、長いよね」と。各々、あだ名で呼び合おうという話になり、私の名は「ホタちゃん」「ホタさん」と決まりました。あわわわ……、緊張します。でも私もちゃん付けで皆さんのことを呼べそうなら呼んでみようと思いました。

災害情報を共有してみる

　ニュースで台風や地震等の災害情報が流れると、ライブ配信で繋がっている方々の安否が気になるようになりました。

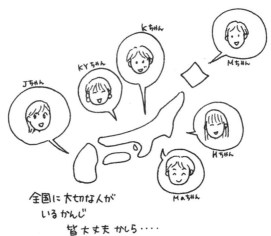

全国に大切な人が
いるかんじ
皆大丈夫かしら‥‥

　2018 年 9 月、大型台風が日本列島を直撃するという前日、私は市役所でハザードマップを取り寄せ避難所を確認していました。
　皆さん、備えは万全だろうか。色々知り得た情報をお伝えしたい。そんな切迫した思いが湧いて、その足でアジアンカフェへ直行しました。座った席の後方は、パーテーションで遮られてはいましたが、ママさん方が数名、子連れで会話をされているところでした。
　暫くその方々が帰るのを待っていたら閉店時間が近づいてきて、観念した私は慌てて、その場で配信を始めました。

　手元の資料を画面に映し、説明を開始。参加者の方々から「避難道具を確認するわ」「備品のチェックするね！」「どうか無事でね」等のコメントが流れました。

　閉店時間ギリギリで早口で話してしまい、もっと余裕があればと終わってから反省しました。他のお客さんがいても、ためらわずに配信ができる……そんな日は来るのでしょうか？

 わかったこと

**　上手く説明できるか不安でしたが、伝えたい気持ちが勝りました。ライブ配信に来てくださる方々が、他人とは思えなくなっていました。**

▽夫を家に残し、子どもたちと避難所へ行く

2018年 9月 大型台風 21号の
猛威は凄まじく

ゴーーッ

暴風で家は大きく揺れ、近所では
長屋の屋根が飛び、停電や電柱が
倒れるなどの被害がありました。

子供達と机の下に
かくれてました

それに匹敵する台風が引き続き
接近しているという日
私は初めて避難所へ
行ってみようと思ったのです

ちゃんと下見も
してきたし
大丈夫!!

しかし 夫は
反対でした

俺は
行かない

※ 夫にも色々
言い分がある

こんな時 今までの私なら
家族は一緒に過ごす事が
当たり前だと
夫に従っていました

だけど 心に問うてみた
私は本当はどうしたい?
こうあるべきではなく
本当の私は??

カッ

私は子供達を
守りたい！！！

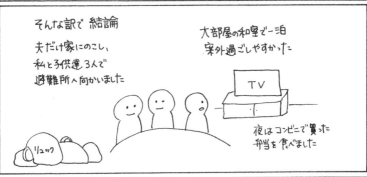

そんな訳で 結論

夫だけ家にのこし、
私と子供達3人で
避難所へ向かいました

大部屋の和室で一泊
案外過ごしやすかった

TV

リュック

夜はコンビニで買った
弁当を食べました

―――― 一夜明けて AM 4:00 ――――

明朝、暗がりの中、館長に
お礼を告げて避難所を
出た時

あ、お母さん
見て〜

台風が夜空のちりを巻きこんで横断したためか
頭上に見たことのない程の星が散りばめられていた

初めて見る星空の美しさに見惚れながら

3人で家路に向かっている時

私は子供達を守りきった自分を初めて

誇らしく思えたのでした

自分の操縦席に
夫を置かなかった
その事が何より嬉しかった

そのエピソードを
LIVE配信で話しました

一語一句思いをとり出して。

(ちなみに、夫は無事でしたww)

「自分の操縦席に誰かを置かない」ということ。それは上司、親、子ども、時には仕事、お金や物であったりします。

今回のケースでは夫です。

もしもライブ配信にチャレンジしていなければ、私は本音を見過ごしていたかもしれません。

今、ひとつひとつの心の声を観察しています。丹田にぐっと力を込め、一念を発動させた時、今回は子どもの手を引いて、今までになかった行動をとっていました。

私は長い間、「妻は夫に従うもの」、そんな観念に縛られていましたが、この時、ハンドルを握る感覚がようやくつかめた気がしました。

…ライブ配信 18 回目…

▽想像と違った"自分を生きる"こと

我が家には小4の娘、中1の息子がいます（2018年当時）。

いつも苦痛だったこと。それは運動会のビデオ撮影でした。

私は撮影というものが苦手です。プレッシャーを感じ、その時間を楽しむことができないから。ですから、いつか撮影を頼まれたら「NO！」と言える自分になろうと思っていました。運動会という特別な瞬間を見逃したくない。だから「NO」と言えることが"自分を生きる"ことだと思っていたのです。

ところがこの度、夫にビデオを渡され、「いいよ」と普通に応対している自分がいて、そんな自分に心底驚きました。

私の視点が"日常が運動会以上"に変わっている。だからビデオを撮ろうが撮るまいが、どちらでもいい。私は「撮りたくない」と拒否できることが自分を生きることだと思っていましたが、実際は逆でした。自分を生きた結果、**普通に受け取れる人になっていたのです。**

　自宅にてライブ配信スタートのボタンをドキドキしながら押しました。

　この"気持ちの変化"を話すと「よくやった！」「すごい！」等のコメントが流れました。

　ゆっくり、ゆっくり自分の心の中で湧いている思いを、すくいとるように慎重に話をしたように思います。

…ライブ配信 19 回目…

▽ ふとした思いつき。夕日配信がしたい！

　これまでライブ配信をしてみて、まだまだ緊張が取れず、配信開始ボタンを押すまでに時間がかかる状態でした。押す時点で既にガチガチですから、内側意識で話すためには、まず緩む必要があるようです。

　そんなある日、橋の上で夕日を見ました。全身の力が抜けていく心地。

　そうだ。毎日夕日を映しながらその日一日の振り返りをしてみては？　ふと湧いたその思いつきは、私をワクワクさせてくれました。「一念は実行に移す。やってみようかな！」そんな話を少し。

▽夕日配信断念……からの道すがら配信！

　大阪のビル街にて、夕方お茶をしていたら、高層ビルの隙間に美し
い夕日が見えました。「そうだ、今だ。ここで喋ってみよう」と、前
回の思いつきを即実行に移そうとしました。

　しかしその直後……ライブ配信通知が……。それは私が敬愛してい
る方からのお知らせでした。「無理！　無理！　あの方の裏で配信な
んて‼」今インスタで繋がっているのはその方のファンの方が多数で
す。皆私なんかよりその方の配信へ行くはず！　結局、配信する勇気
はみるみるうちにしぼんでいき、高層ビルの隙間に沈みゆく夕日をざ
わざわしながら見つめていました。

あぁぁぁ…

そして帰り道。本日の顛末をライブ配信でお話ししました。

通行人が行き交う道で、小走りでライブ配信する。そんなことが、まさか自分にできるとは！　凄い度胸です。

早く帰って夕食の支度をしなくてはいけないのに。一体私は何をやっているのだろう？　段々と笑いが込み上げて、それと同時に、そこまでして話す練習がしたいのかと自分に呆れてもいました。

☕ コ ラ ム ★ Instagram のライブ配信通知

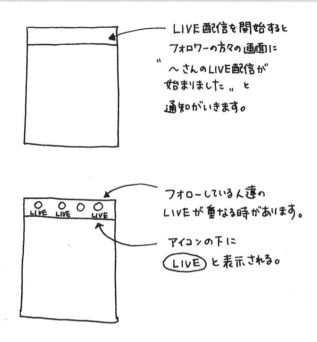

LIVE 配信を開始すると
フォロワーの方々の画面に
"〜さんのLIVE配信が
始まりました" と
通知がいきます。

フォローしている人達の
LIVE が重なる時があります。

アイコンの下に
(LIVE) と表示される。

☕ コ ラ ム ★インスタあるある① 知人の配信中

　親しくしている方の配信中は気をつかいます。テレビの裏番組と同じです。
こんな時は自分以外を操縦席に乗せてしまっています (ﾉД`)ｼｸｼｸ…

配信 したいけど
〇〇ちゃんの裏でやるのは
気をつかうなぁ

こんな時は
自分以外の配信者を
操縦席に乗せてしまっている

▽私のライブ配信に知人が参加！

　娘の習い事のプールが終わるのを待っている間、屋外へ出ていました。

　ライブ配信も 20 回を超え、そろそろ自分の生い立ちについて少し、話をしてみようかと思いました。

　他の親御さん方と時々すれ違うので、駐輪場から少し離れたベンチに腰をおろし、ライブ配信をスタートさせました。

　誰がいらっしゃるかな？　ドキドキ……。すると真っ先にお越しくださったのは、まさかの職場の元同僚でした。しまった。少し焦りました。何故なら今 Instagram で繋がっている方々は会ったことのない方がほとんど。自分の素性を知られていないから話せる面が大きいのです。リアルで繋がっている方に来られて一瞬、躊躇。でも。気持ちを立て直しました。どこにいても、誰といても内側意識で話せるようになる。それが目標なのだから。

「実は小学 6 年生の時、住んでいた家が立ち退きになり、別の場所に引っ越しました。その際、父の考えで、家族で家を作りました。それは文字通り家族で。小学 6 年生の私はかなづちを持ち、釘を打ち、セメントを練って……、素人家族で家を建てたのです。天井は手が届くほどの高さ。ボロボロの家で当時は本当に嫌でしたが、今となってはおいしいネタだと思っています。私は三姉妹の真ん中。20 歳になった時、看護師の資格を取り即家を出てひとり暮らしを始めました。」

　震える手を揉みつつ、コメントに来てくださる方々のリアクションが猛烈に気になります。話してすぐに、コメントの反応がもらえるわけではありません。無反応であるかもしれません。そんな状況で、自

分について話す。しかも人が行き交うベンチで。これは本当に内側意識でないとできないことだと感じました。

　いつか子どもの習い事の待ち時間に、すれ違う人とスッと話す感覚で気楽に配信できるようになったら。それは凄いことです。

　職場の元同僚は絵文字で相槌を打ってくれていました。

　終了時、脇汗が半端なかったです……。

初の夕日配信で"内側意識"に集中！

　家で話すことも、カフェで話すことも、道端で話すこともやってみてわかったのは、相変わらず、どこで話しても緊張するということ。ならばと先日断念の夕日配信にリトライです。

　一駅先の河川敷まで自転車を走らせました。そこは美しい夕日を眺めるのに絶好の場所なのです。この日から一日の終わりに夕日を見ながら内側意識で話す訓練を開始しました。

携帯画面には夕日を映し、目は画面ではなく実際の夕日を見つめながら内側の意識に集中します。そのためコメントがほぼ読めません。5、6名の方々がお越しくださいましたが、コメントは後で保存を確認する主旨を説明しました。

　内側！　内側の声を話すように、夕日に体をゆだねて、リラックス状態を意図的に作り出します。思ってもいないことを口にしない。思っていることだけを言う。沈黙を恐れない。愛想笑いをしない……。

　初回は頭の中で注意事項が流れました。

　河川敷に座り、今感じていることを話してみた後、持参した本を開いて、気に入ったページをご紹介しました。

『雪のひとひら』　　　　　　　　　　　　　　　×

（ポール・ギャリコ　著、矢川澄子　訳／新潮社）
ある寒い日、雪のひとひらは生まれた。地上に舞いおりたときから、彼女の長い旅がはじまった。―自然の姿に託して女性の人生を綴る、優しく美しい物語。（カバー裏より）

…ライブ配信 23 回目・24 回目

「問題の捉え方」「価値観の違い」について話したのですが、具体的に何を話したか、内容を忘れてしまいました……（本になるとわかっていたらメモしておいたのに！スミマセン）。

▽配信する「スタジオ」を家の中に作ってみる

　これまで何度か家で配信をしてみて……話をする時雑多な物が映り込んでは気分が萎えるなと感じていました。ふと、自分の好きな空間を画面越しに作り込んでみたい！と思いました。テレビ局のように (^▽^)/　そうすると楽しいかもしれないなと。

　台所のカウンター上にペルシャマットを敷いて背景は茶色のカーテン。そこに椅子を用意し配信を繋げてみました。

　今回は少し不思議な本の世界をご紹介。

『二週間の休暇』　　　　　　　　　　　　　　×

（フジモトマサル　著 / 講談社）
心が不思議に癒やされる。生活とは？　自分の時間とは？　生と死とは？　ふっといろいろなことを考えさせる、静かで豊かな時間の物語です。（Web サイト『講談社 BOOK 倶楽部』より）

ドキドキ……。どなたかお越し頂けるでしょうか……。

いらっしゃいました。参加者は6名ほど。読み終えると「本の題名もう一度教えて」「楽しい！」等のコメントが流れました。

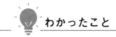 わかったこと

自分の好きな世界観を作って、好きな本を紹介する。これはまさにテレビ番組と同じです。自分のスタジオがあると思ってみては??　緊張はしているけれど、この考え方はときめきを与えてくれました。「蛍星局」、なんだか素敵じゃないですか！(〃艸〃)ムフ

…ライブ配信 26 回目…

▽マインドフルネスの実践で得た気づき

最近は本屋をのぞくと瞑想やマインドフルネス関連の本が沢山並んでいます。情報過多の時代。需要は高まっているのでしょう。私も、ひとつの問題に囚われて頭がいっぱいになったり、長く外側意識で生きてきたので、心を静めるための訓練が必要でした。

今回はその中で習慣として身についた実践を話してみようと、夕方自転車を走らせ河川敷へやってきました。

そこで一冊の本を開きました。

『「今、ここ」に意識を集中する練習─心を強く、やわらかくする「マインドフルネス」入門─』
（ジャン・チョーズン・ベイズ　著、高橋由紀子　訳、石川善樹　監修／日本実業出版社）
坐禅をしなくても、マインドフルネスを日常で手軽に実践できる53のエクササイズ。・利き手でないほうの手を使う　・「別の空間」に入ることを意識する　・「老い」の表れに目を向ける……etc.（帯文より）

マインドフルネスとは自分の体や頭や心の中、さらに身の回りに起きていることに意識を完全に向けること。批判や判断の加わらない「気づき」とされています。

ここでは具体的に「今」に集中するための53のエクササイズが挙げられ、その練習時に取り組むコツや得られる気づき、教訓が記されています。まさに入門生にお勧めです。

その中で私が習慣化したのは「利き手でない方の手を使う」という練習でした。

書かれてあったのは**「習慣がどれほど強力で無意識的なものかということと、変えるには意識の集中と決意が必要であるということ」**。また**「新しいスキルを習うと、自分のなかには未開発の能力がたくさん眠っていることに気づきます」**ともありました。

しかし、私にとってはさらに大きな気づきがありました。その話を河川敷の階段に座ってライブ配信しました。

台所で炒め物をしていた時のこと。私は用があって、いっとき小学生の娘にそれを代わってもらいました。しかし娘は「箸を持つ手が熱い、熱い」ばかり言う。その時少しイライラしていた私は「もういいよ、あっちいって」と思わず娘を邪魔扱いしてしまいました。そして利き手を使わない練習をしていた私は、左手で箸を持って炒め始め

たのですが……、あれ？　娘の言うように、火が熱いのです。火力は同じなのになぜ？

そこで気がつきました。私の左手が火に慣れていないのです。「あっ！」その時、娘の感覚がわかりました。娘は右手で箸を持っていましたが、普段料理をしないため手が火に慣れていない。ですから私の左手で感じた火の熱さは娘が感じた感覚を表していたのです。

そのことに気がついた時、涙が止まりませんでした。私は娘を呼び寄せ、謝りました。相手の心がわかるとは、こういうことなのです。**新しいことを試してみることで観念が外れていきます。**

話している最中、涙がこぼれ、見るとコメント欄でも泣いている絵文字が流れていました。

…ライブ配信 27 回目…

▽問題提起してフォロワーさんと考える

前回、マインドフルネスでの学びをお伝えして、参加者の方と心の交流を得たような心地がしました。夕日を見つめながら内側の言葉を紡ぐ。

それは意識が広大な光に導かれるようです。で、あれば、もう一度トライしてみよう。**自分の中に在る疑問を、参加者に投げかけてみたい。**急にそんなことをしてみたくなり、夕方、河川敷まで自転車を走らせました。

河川敷は時々、ランナーや座り込んで話す学生、体操しているおじ

さん等がいて、夕日に染まる川辺を思い思いに過ごしている。そこで配信を繋げるのは、初めは勇気が要りましたが、電話で話している位に見えなくもないので、気にしない！　気にしない！　と言い聞かせ、離れた場所に座って、ライブ配信をスタートさせました。

　今回持参した本はこちら。

『100万回生きたねこ』
（佐野洋子　著／講談社）
このとらねこ一代記が、何を風刺しているかなどと考えなくても、すごいバイタリティーをもって生き、かつ死んだ話をおもしろいと思ってみればよいと思う。小学校上級から大人まで開いてみて、それぞれに受けとめられるふしぎなストーリーでもある。ー日本経済新聞「こどもの本」書評よりー（カバーそで文より）

　主人公はただの一度も飼い主を好きにならなかった100万回生まれ変わっているねこ。

　ある時、ねこは恋に落ち一匹の白ねこを愛しますが、白ねこは先に亡くなってしまいます。最愛のパートナーを亡くしたねこはその後二度と生き返らなかったというお話です。

　そこで私が問いかけたかったのは Happy ちゃんの『自分と結婚式』という概念です。

　人は自分と結婚する儀式を行った時……自分と相思相愛になった時、二度と生き返らない……という選択をするのだろうか？

　その疑問を参加者の方々へ投げかけました。

　6名ほどの方がいらして色々とある意見の中、「問題提起してくれて、それを皆で考える時間が楽しい」とコメントが流れました。

　結局、結論は出なかったのですが、各々の信念を出し合うことに意

義があるような気がしました。

　絵本を開くとねこは夕日に照らされてキラキラと輝き、この瞬間は特別な時間であったように思います。

　ライブ配信100回チャレンジ中、いくつかの本をご紹介しました。

　するとフォロワーさんのストーリーズで「ほたちゃんが紹介していた本を買ってみた」と話題になっていることが時々ありました。

　また夕日配信の最中「ほたちゃん、今夕日見ながら喋ってるからコメント読めないって〜」と説明してくださる方が現れたり……皆さんが協力してくださいました。ありがとうございます。

わたしは喜びのときも　悲しみのときも

富めるときも　貧しいときも

健やかなるときも　病めるときも

自分を愛し　自分を敬い

自分を慰め　自分を助け

心を尽くし　魂を尽くし　力を尽くして

自分の神である「わたし自身」を愛することを

ここに誓います

　　　　　　　　　　　　　　　自分と結婚式　Happy　Wedding 宣誓文
　　　　　　　　　　　　　　『世界は自分で創る　下2』（ヒカルランド）より

▽行きたかった「星空上映会」を逃した件

　日常の中に、今までにはなかった「ライブ配信」という新たな項目が追加され、その時間を作るためにワクワクして毎日を過ごし始めた自分がいます。今日は何が起こるだろう。そして起こったことをどんな風に受け止めてどんな風に夕日の前で話そうか。

　一日の迎え方が明らかに変化している自分に気づき始めました。毎日起こる出来事をメッセージとして、それに対する心の動きをどう見て何を選択していくか。そんな視点で動き始めたら、朝を迎える姿勢が以前と全く違うのです。

　以前より自分の「好き」にアンテナを張っている自分がいます。

「好き」をキャッチしたら発信してみよう。自分の望むものにフォーカスする具合です。キャッチしたらひとまずそれを話してみるのです。

　今回は図書館で手にしたチラシがそれでした。そのチラシを持参して夕方河川敷へ。以前は話すことを全部メモ書きして、それを読んでいましたが、今は手ぶらです。その代わり、河川敷まで自転車を走らせている間は、起承転結、話す順番を考えながらイメージを作り込んで向かっています。

　いつもの場所に到着しました。

「ライブ配信、スタート！」

　頭の中でカチンコを鳴らします。

　こちらのチラシ、手にしたものの、結局イベントには参加しませんでした。瞬間的にときめいて、「素敵！」と思ったのに出てきたのはその後の二念[4]（最初の思考に引き続き湧く思考）の数々でした。

「このイベントに参加したいと思ったけれど、家族が何というか。誰も興味はないだろう。それに私はインドア派だし。芝生で眠れる自信もない。言い訳の数々が浮かび、結局行動には移しませんでした」

　そんな話をしました。

　だけど私はこの配信の後、決意したのです。もっともっと軽くなって、行きたいと思った先に行ってみる。そんな風にやっていきたいと。

　話している間に夕日は沈み、川辺は暗くかげり、しんとなって。「そろそろ帰りますね」と腰をあげました。

　参加者の方々約8名。「私もそうなりたい」とコメントが流れました。一日の終わりに気持ちを共有し合える人たちがいる。そのことがとても貴重なことに思えました。

4　二念：禅の言葉である「二念を継がない」。これは最初に湧いた望み（一念）の後に起こる、自分の解釈や観念が加わった思考です。直感に従う、ハートに従う選択は主に一念の望みを取り入れることを指します。

☕ コラム ★配信場所の落とし穴

後で保存を聞いてみると、風の音で何を言っているのかわからない。

河川敷では
とくに 風の音が
うるさかったりする

あんなに
一生懸命
しゃべったのに

☕ コラム ★この表示に要注意

この表示に要注意 !!!

ここを押すと
画面が反転し
自分の顔がうつってしまいます !!

100回チャレンジ中、2回位
押してしまって

ギャアッ

ノーメイク

っと あせりました。
もう1度 押すと 元に戻るよ

▽ 「字幕屋」に勇気づけられた話

　段々とコメントに来てくださる方々が増え始め、来てくださる方が定着し始めました。アイコンを見て「あ、○○さん、どうも〜」などとこちらも気軽にあいさつできる時はホッとします。自分の事情をわかってくださっている人だと思うからです（話す練習で配信をやっているっていう (;'∀')）。

緊張はするけれど、自分が参加者の方に慣れてくる。そんな現象が現れ始めました。

　今日は何の本を紹介しよう。自分が笑えた文章に付箋をつけて家の配信スペースに座り本を広げました。夕日の前で話すより、家の中の方が緊張します。よし、やるぞ！　と気合を入れた途端にです。

『字幕屋は銀幕の片隅で日本語が変だと叫ぶ』
（太田直子　著 / 光文社）
映画字幕翻訳を初めて約 20 年、手がけた作品数は 1000 本余りの著者が、外国映画翻訳の舞台裏、気になる日本語などについて綴る。（カバーそで文より）

世の中のあらゆることに深く広く通じるのは、しょせん無理なのだ
から、他人が知っていることを自分が知らなくても、なんら恥じること
はない。知りたくなったときに知りたいことを調べればいいだけ。ど
うせ忘れるからとか面倒くさいからといって、あきらめてしまうのはよく
ない。もっとよくないのは、知らないのに見栄を張って知ったかぶり
をすること。
　そして、なによりよくないのは、自分がたまたま詳しいジャンルに
ついて、他人の無知をさも非常識だというように冷笑することだ。
　「えー、そんなことも知らないの？　信じらんなーい!」
　と下品に大口を開けて笑う輩のなんと多いことか。
　黙れ、愚か者。「信じらんない」のは、あんたの、その態度だ。
　いくら笑われてもくじけてはいけない。そのときに必要な知識の水
を必要なだけ汲みに出かければいい。重いタンクはいらない。ざる
を片手に軽やかに、いざ。

　書かれてあるこの言葉に、勇気づけられました。
　「これからも私はざる知識で配信を続けようと思います！」と宣言し
た私にコメント欄から拍手マークが送られました。

…ライブ配信30回目…

 # 30回達成！
配信開始ボタンを押すのに慣れてきた

　夕方自転車を漕いでいつもの河川敷へ。
　この日は自分の中で特別な日でした。何故ならライブ配信の方法を
教えてくださった方が当時30回実施されていて、私はその方にあや

かり**初めの目標設定を 30 回と決めていた**のです。

　夕日に染まる河川敷の階段に座りライブ配信をスタート。何人かの方々がお越しくださいました。もう、顔なじみです（いえ、この表現はおかしいですね。私、顔は出していませんから）。

　私は深呼吸して話し始めました。

「一度でも否定的なコメントが入ってきたら私はきっと 30 回続けられなかった。皆さん優しく、私の発信することに耳を傾けてくださった。コメントが沢山来て怖くて逃げ出したいと思った時もあったけれど、今なら 10 人、20 人来てくれても逃げたいとは思わないです」

　コメント欄に流れる涙マーク……。この人たち、本当に生きているんだよね？　コンピュータじゃないよね？　一度、会ってみたいな……。そんな思いが湧くと同時に**この時 30 回目にしてやっと「ライブ配信開始」のボタンを押すことに慣れました。**

　今まで押すまでに時間を要し、震える指で押していた。だけどもう、押せる私になりました。

　一日の終わりに　河川敷へ向かい、話をすることがひとつの習慣になり始めました。

私は運が良かったのだと思います。配信中一度もアンチコメントが届きませんでしたから。

　しかし万が一、配信中にそんなコメントが入った場合、そのコメントをタップするとブロックして非表示にすることができますのでご安心を。

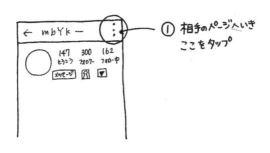

① 相手のページへいき
ここをタップ

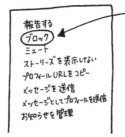

② ブロックをタップすると
相手は今後、
ライブ配信を見ることが
できませんので
安全です。

　そういえば私にも一度だけ配信中に見知らぬ外国人が参入し変なコメントを入れてきたことがあります。その時は即刻ブロックしました。

設定を非公開設定にすればフォロワーのみ閲覧可能になります。色々試してみてください♡

　消したいコメントがある場合は配信中でも保存後でもタップすると削除選択が可能です。

つかまり立ち編
31回目〜54回目

Chapter 2

ライブ配信開始のボタンを押すことに慣れました。
さぁ、表現をしてみよう。
「世界は自分で創る！」でもどうやって？

▽2回目の問題提起は植物の育て方について

　夕日の時間帯に自転車を走らせて、この日は2回目の問題提起を参加者の方々へしてみようと思いました。ですが、今回はかなり勇気の必要なテーマです。植物を育てることについて、以前からずっと解せ<ruby>解<rt>げ</rt></ruby>ないことがあり、そのことに対して質問がしたかった。でも下手すればガーデニング好きを敵に回すかもしれない。そんな内容です。ですが、そこで止めては今までと変わらない。

　この時期は一念で動くということに、特に敏感になっていました。それは「自分自身で在る」というキーワードのような気がしていたからです。

　さぁ、いつもの河川敷の階段に座り、ライブ配信をスタート。

　取り出した本（漫画）はこちら。

『ひきだしにテラリウム』
（九井諒子<ruby>九井諒子<rt>くい りょうこ</rt></ruby>　著 / イースト・プレス）
ようこそ、ショートショートのワンダーランドへ。笑顔と涙、驚きと共感。コメディ、昔話、ファンタジー、SF……万華鏡のようにきらめく掌篇 33 篇。（帯文より）

　33 の短編から成り、その中の『語り草』というお話を紹介しました。人間が「お世話」と思っていること。それは植物にとって本当に良い

こと??

　女性が「間引きは必要な部分に栄養がいくために必要な行為だ」と主張します。愛情を持ってお世話していると。けれど、その女性に男性が疑問を投げかけます。植物の心はどこにあるんだろう？　自分のために自分が死ぬってどういう気分なのだろうと。そうした世話で植物は本当にありがとうと思っているのだろうか？　と。この疑問は私の中にもあったので、一度皆さんの意見を伺ってみたかったのです。

　触れてはならぬ領域のようで胸はドキドキ高鳴りました。

「考え方、価値観の問題かな。間引きは植物を生かす意味で行ってます」「私は間引きができないから植木は育てていなくて、雑草を見てるだけで満足」等、様々な意見が流れました。

 わかったこと

　改めて価値観の違いを再確認できました。ああ、こんなに各々感覚は違うものなのかと。いつか誰かに聞いてみたかったテーマをここでようやく聞くことができました。お会いしたこともない方々に。いえ、会ったことがないからこそ、聞けることがある。

　話す内容について毎回シミュレーションしながら、自転車を漕いで向かっていました。ああ言ってこう言って、次にこれを言う……。話がスムーズにできるように、まだまだ焦っています。

　台本なしで喋るのは、なかなかのプレッシャーでした。

『夕方になると
ほたちゃん 自転車こいで
　河川敷に向かってるのかな〜って思って
にやけちゃう ♬』 と
　　　　DMが届きました。

そうです。

そして 河川敷に
人が誰もいないことを
祈ってます

▽ ボルテックス[5]配信のやり方

この頃、自分が発するエネルギーについて注目し始めました。

5　ボルテックス：創造エネルギーの渦のこと。ここでは最高に良い気分のエネルギーと捉えて使用しています。

「私が気分の良い状態でいる以上に大切なことは何もない」

「私が気分の良い状態であれば何万人もの人に良い影響を与えられる」

　エイブラハムやバシャールの言葉は本当でしょうか（エイブラハムもバシャールも特定の人間が交信する宇宙意識存在。その発言は深い知恵や洞察力に富み、多くの人々の心を捉えている）。

　だったら、自分が心地よいと思うことを発信していけばいいことになる。そんな訳で、自分の好きな物を画面に映すべく、自宅の配信スペースに雑貨を並べました。

　数名の方がご参加くださいました。そして「これが好きなんです！」「これも！　これも……！」とお見せしていたら……、どんどんテンションが上がり始めて。初めは反応が怖かったものの、後の方は緊張より興奮が勝って大きな声で紹介していました。

　コメント欄で笑いマークが流れました。このエネルギーがお相手に渡せるって本当でしょうか。画面を通してでも。

 **わかったこと**

自分の世界に入った感覚。これが内側意識で話すことなのかと。好きな物を語る時のエネルギーは、望む世界への焦点を絞り込みます。

ライブ配信に映す画面は、何を映してもよく、特に決まりはありません。空を映す人、雑貨を映す人、花を映す人、ポストカードを映す人等さまざまです。映したいものを映しましょう。世界観は自分で創れる。

勿論、プライバシー保護にはお気をつけください♡　ご自身も、お相手も。

…ライブ配信 33 回目…

▽恩師へのサプライズ企画を宣言する

夕方、河川敷へやってきました。

この日はワクワクの気持ちが高鳴って、早く、話したい衝動に駆られていました。こんなことは初めてです。何故なら恩師へのサプライズ計画があるから。それを皆に話したいと思ったのです。

私がお世話になった小4〜6時代の担任が定年退職を数年後に控えていて、退任式に私は映画『陽のあたる教室』（1995 年製作のアメリカ映画。30 年にわたる高校の音楽教師の教員人生を描いている。息子との葛藤を通じて音楽の素晴らしさを再認識する様子を描いた感動

作）のラストシーンのような世界をサプライズで演出したいと思っているのです。構想は……、歴代の生徒を体育館に集結させ、プロジェクションマッピングで体育館に映像を流す。ビデオレターを作成する。特大の寄せ書き。先生への卒業証書……。

　ひとりでは無理なのでテレビ局に手紙を出して協力依頼するかYouTuber に連絡して協力依頼するか等々、今思い描いている計画をワクワクしながら話しました。

　コメントに来てくださる方々も盛り上がり、ああ、これは。実現するまでの進行具合をここで発表していくのはどうだろう。「私、やります！」と宣言して、夢中になって話したら、緊張が吹っ飛んで気づけば夕日はすっかり落ちていました。こんなことは初めてです。さぁ、家に帰ろう。帰って晩御飯作らなくちゃ。まさか毎日のようにここへ来て配信しているなんて、家族は思ってもみないだろうな。

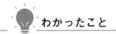 わかったこと

　夢中の力って凄いな、と帰り道、自転車をこいで冷静になり始めて感じました。

▽家での配信中、急激な緊張感に襲われる

　前回、恩師へのサプライズ企画を考えていた時、教室の黒板に絵が描かれていたら素敵だなぁと思い、図書館で「黒板アート」の本を借りてきました。

『黒板アート甲子園作品集─高校生たちの消えない想い─』
(日学株式会社　総監修 / 日東書院本社)
2015 年にプレ大会を開催し、2016 年より本大会に移行。2018 年度は第三回目を数える、高校生のためのアート甲子園。高校生たちが仲間と手を取り合い、毎日通った学校の「黒板」に、様々な想いをこめて描いた作品は、世界に一枚だけの、彼らの青春の軌跡でもある。(本文より)

　こんな絵が黒板に描かれていたら……。それを目にした先生はどんなに驚かれるだろう。ページを開いていると、そのあまりにも完成度の高い作品を皆さんにもお見せしたくなってきました。

　家の配信スペースに本を広げ、ライブ配信を開始。

　数名の方にお越し頂きました。ところが……。前回、河川敷で話した時は、ワクワクのエネルギーで、夢中になって話せたのに今回は計画を話している最中、急激な緊張感に襲われました。そして本のページをめくる手が震え始めたのです (ﾟдﾟlll)

　私……何をしているんだろう。自分の計画を聞きたい人が本当にいるんだろうか。私の話に付き合わせてしまっているだけじゃないか？相手の時間を奪ってしまっているんじゃ……？　ここで黒板アートの写真をお見せしなくても、ネットでいくらでも検索できるじゃないか！　ふと、そんな思いに囚われて……、結局早めに切り上げてしまいました。お腹が痛い……。

　周りを見ると、誰もいない部屋で、私だけが話している。その現実にふと引き戻されて内側意識からはじき出されてしまったのです。

　終わった後、動悸がおさまりません。そして、かなり凹みました。前回、前々回と上手く話せた気になり、調子に乗れたと思ったのです。

　ライブ配信なんて、しない方がいいのかな……。なんだか、携帯を

見るのも怖くなってきました。……いや、これは練習なんだ。だけど……。

▽ バンジーしよう！　ひとカラ配信

　前回の配信以降、私はライブ配信する気持ちが萎え、完全に怖気（おじけ）づいてしまいました。ライブ配信開始のボタンを押すのが怖いのです。「私の話なんて、誰が聞きたいんだろう？」「フォロワーに通知がいくのも、こわいな」「相手の時間をなんだと思っているんだ」「このままやめちゃう……？？」

　ざわざわした気持ちが抑えられません。**本来の自分自身とずれていること**はわかります。ですが、どうやって戻せばよいのでしょう？

　そんな時、こんな言葉を耳にしました。**「あなたは自分が思っている以上に他人の世界に影響を及ぼさない」**え、本当??　本当にそうなの???　……でも確かに、自分に人を変えられる影響力があるなんて、思うこと自体が思い上がりのような気がします。
「そうか、それなら私が何をやったって本当は気にする必要なんてないんだ」そう思ったら、それを確かめたい気持ちが、内側から猛烈に湧いてきました。

　私はカラオケボックスへ向かいました。

　携帯をカラオケ画面に向けて、震える指でライブ配信開始のボタンを押しました。もはや気持ちはどうにでもなれという具合です。人前

で歌うことすら緊張する自分が、ひとりでカラオケに行きその状況を
配信するのです。自分にとっては究極のバンジーでした。

　人数にして約8名ほどの方々がお越しくださいましたが、詳細は記
憶にございません。2曲歌って即、削除しましたので。視線の片隅で
捉えたコメントは「ほたちゃんが歌ってる～」その一言だけ。
　そして、それは自分にとっては天地が逆転するような出来事だった
のに、当たり前ですが世界は何も変わらなかった。**変わったのは、絶
対にやれないと思っていたことをやった自分がいたことでした。**

　＜補足＞
「あなたは自分が思っている以上に他人の世界に影響を及ぼさない」

この言葉の意味を少し誤解していたことが後に判明。

　「私なんかが何をやっても影響力はない。だから人の目を気にしないでやってみろ！」と自分に言い聞かせ動いたのですが、真意は**「相手が本体意識（ハイヤーセルフ）で自分の世界を生きている人ならその人の世界を他人が脅かすことはできない」**、どうやらそういう意味だったらしいのです。私に力がないとか、影響力がないとかそういう意味ではなかったようです。

なんだったんだ
あの ヒトカラ配信‥‥

← フラフラで
　帰った

▽残業中の「申し訳ない」意識を変えたら……

河川敷で話しました。

その時、気付いた
ちょっと待てよ 今、エネルギー低っっ。
自分自身から完全にずれてるやん

ハッ

操縦席を完全に
上司にあけわたしている事に
気がつきました

上司が
乗ってます　→

乗っとられてる

そこで考えたの
自分の中心に戻って
私は？ 自分自身は
どう在りたいのか

自分が
乗った　→

そしたら答えが返ってきた
私、「手伝わなくていい」と
言われても放っておけない時は
手伝う事を選択するわ

これが私の答えです

私は自分が残りたくて残っています
これは会社都合ではありません
個人的な都合で残っています

キッパリ

、、、そう伝えました。
翌日から 堂々と残業する私を見た
他スタッフから "あの人は人格者だ"
という うわさが流れ始めました
ｗｗｗ

残業してて
すみません の意識から

残業してますが
何か？ のエネルギー

人は発しているエネルギーをうけとる

▽イエローナイフでオーロラの色を知った話

　夕方、自転車を漕いでいつもの河川敷へ。今日は珍しく**話す内容を考えずにやってきました。**何か、話したいことが浮かんだら、話してみる。なかったらそのまま、帰ろう。いつも内容が決まっていないと話せない。そこを少し変えていこうと思ったのです。

　曇り空を眺めていたら、ふとある記憶が蘇ってきました。あのエピソードを話してみようか……。

　ライブ配信をスタートさせました。開始のボタンを押すのはもう、慣れました。ただ、上手く話せる自信がない。鼓動はバクバク波打っています。

　4名程の参加者がお越しくださいました。「今日は夕日見えてないね」そんなコメントが届いて、そこから話を繋いでみました。

　空を見ていて思い出したのは、独身時代、カナダのイエローナイフへ、オーロラを見に行ったこと。

　何時間もかけてやっと出会えたオーロラ。それは……。蚊取り線香のように白い煙がユラユラ動いているだけでした。そしてそれは写真に撮ると、あのイメージ通りの緑色の光を放つオーロラとして映し出されていたのです！　どういうこと⁉　そこで現地の方に尋ねると「オーロラは被写体として写ったら緑になるのよ」との返答。え〜〜〜……。ショックでした。……そんな体験談をお話ししました。

　話しながらも、動悸は止まりませんでした。そして、この配信は保存せず消去しました。ショックを受ける方がいらっしゃるかもしれないと思ったからです（この本には書いちゃってますけど!!）。

※しかし、これはあくまでも私の体験談。他の事例はわかりません。この日の配信は内側意識40％といったところでした。そりゃ、消して当然かも……。

▽ インスタ仲間に会うライブ感をシェア

Instagram を始めて、自分以外の配信におじゃまする機会も増えてきました。自分の配信にお越しくださる方の配信へ行くと……。時々繋がっている方同士が同時に画面に映っていることがあり、そんな時はなんだか興奮します。

この日はライブ配信の方法を教えてくださったHさんと会う約束がありました。そこで私も少し、このワクワク感を皆さんと共有できたら楽しいなと、そんな思いが湧いて。待ち合わせの建物の中でライブ配信を始めてみました。

数名の方がご参加くださいました。「今からHさんに会います」そうお伝えすると皆さんのテンションが上がっていることが伝わりました。コメントが盛り上がっているのです (^ ▽ ^)　皆さんHさんも、私のこともご存じだからです（私は声のみの出演。顔は映しません）。

いつか私も画面に顔を出して話をする時が来るのだろうか。だけどそうすることにワクワクは感じません。ただただ今は、心の声を言葉にしてみたいのです。

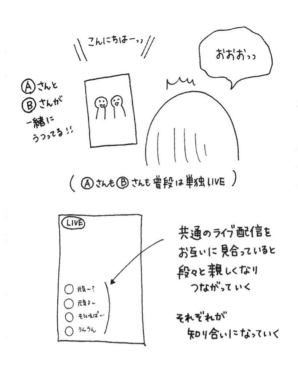

▽自分の育児をふり返り、猛烈に凹んだ話

　子どもが生まれてから、育児本を沢山読みました。後になって「子育てに失敗した」そんな風に後悔したくなかったから。ですが、本に答えはなかったと今更ながら思います。

自分自身で在ること。心の声を聞くこと。それは往々にして社会的

な常識とは折り合わなかったりするものです。

　中１の息子には、私が親から引き継いだ常識を押し付けてしまいました。それは私の親にとっての正解であり、私が望む育児とは違っていた。そのことを私自身、長い間わかっていなかったのです。

　Instagram で繋がったある方（以下、Ｊさん）のライブ配信にお邪魔した時のこと。息子さんと２画面配信をされているところでした。

　その息子さんは小学生でありながら、自分の発するエネルギーに着目し、日々学校生活を過ごされているようなのです。そしてＪさんが「その時どんな気持ちだったの？」と、息子さんの選択を絶えず見守る様子が映し出されていました（Ｊさんも心に従う生き方を実践されている方です）。

　私はその配信を見て、猛烈に凹みました。私も、こんな風に息子と関わればよかったと。後悔の念が押し寄せて泣きながらその配信を見ていました。

　この時のことを夕方河川敷にて、泣きながら話しました(;∀;)　数名の方がご参加くださり、するとある方から突っ込まれました。「まだやりなおせるやろ！」と。

　息子は中学１年生。娘は小学４年生。そうだ。気づいた今からやりなおそう。向き合い方を変えよう。既存の子育て論から、私自身が望む関わりを……。**大切なのはその瞬間、瞬間のエネルギー。**目の前の現実は、自分が今まで放ってきたエネルギーが引き寄せた結果です。気持ちを切り替える必要がありました。**たった今から自分が放つエネルギーを変える。それは今この瞬間からできること**でした。

　＜後日談＞

　このＪさんの配信を、より多くの方へ届けたいと思った私は「なんとかなりませんか」と直接メッセージしました。ライブ配信は 24 時

間で消えるため、猶予がありません。しかし私の猛烈なアピールを受け取ってくださったJさん。

　この後方法を調べあげ、一般公開ではなく特定の方のみ閲覧できるYouTube サイトへ保存してくださいました。

　そこからJさんとの繋がりが深まっていきます。その話はまた別のところで。

◤ある方のライブ配信参加に慌てふためく

　このところ、夕日の河川敷配信が続きました。ちょっと休憩、休憩。12 月。サンタさんから息子に手紙が届きました。

興味のある方いらっしゃるかしら？　自宅にてライブ配信を開始してみます。手紙を広げていると、8名程の方がお越しくださいました。見たい人ばかりとは限らないし……。読むだけじゃ飽きさせてしまうだろうか？　河川敷よりもずっと緊張するなぁ……。

　なんて思考が働いたその時です。

「あっ　Ａさん！！！」

　コメント欄が沸きました。え??　見覚えのあるアイコン……それは私が敬愛している方の初参加でした！（今コメントに参加くださっている方々はその方からの繋がりと言っても過言ではない）

　その瞬間、緊張が極限に達しました。ハイパースーパーマックスハイテンションです（意味わかりませんね）。とにかく大慌てしてしまったのです。

　もはや手紙を読むどころではありません。「わーわー」言いながら「世界は自分で創る……。私が創りたい世界はこちらです!!」そういって木馬のオルゴールと『ネバーエンディング・ストーリー』の原作本を並べました。片手でオルゴールを回し、もはや意味不明です。しかも喋りながら指は「配信終了」を押してしまっていました。

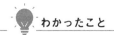 わかったこと

　Ａさんを自分の上に置きすぎです。上？　うーん、というかファンだから。自分自身どころか操縦席すらどこにあるのかも思い出せませんでした。恋は盲目とはこのことか。

言いながら
手は
終了表示を
おしていた

話の途中で
切ってしもうた

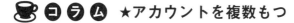

☆ インスタのアカウントは
　　　複数 もてます

皆に
きかれてる〜

こっちのアカウントは
　　公開で

誰にも
きかれない〜

こっちのアカウントは
　　非公開で
　保存して話す練習
　…そんなことも可能です。
実際そうしている人もいる。

1人だけにきいてもらいたい時は
承認制にして、その方だけを
　　フォロワーにしたらいい。

真面目な母親像をぶっつぶせ

前々回、子育ての話をしました。その子育てにまつわること。

小学 4 年生の娘は訳あって毎月通院して注射を受けています。その日は学校を欠席したり早退したりしているのですが……。

ある日、受診が思ったより早くに終わり、この後、娘を学校へ登校させる時間が十分にある、そんな時がありました。その時ふと娘が「USJ に行きたい」と言ったのです。え??　学校へ行かず遊びに行く??　今までの私ならそれはあり得ないことでした。学校をサボって遊びに連れていくなど、私の選択肢にはそれまでなかったのです。ですが本当はどうしたい？　私は内側意識に問いかけました。世間の常識ではなく、自分の羅針盤に従おうと決めたのですから。

結局その日は USJ へ向かいました。毎月痛い注射に耐えている娘に、それくらいのご褒美を与えてやってもいいじゃないか。

娘の笑顔を見て、私は心底、Happy ちゃんにありがとうとお礼を言いたくてたまらなくなりました。長い目で見れば、この日の選択が、娘の心に残るだろう。真面目な母親像の檻から脱出です。

この出来事を河川敷にてライブ配信しました。この日は夕日より先に、昼間に到着し、太陽を見ながら元気に話しました。「私、今の自分が昨日の自分より、好きです」と話し、パワーが戻ったようです。

内側意識 80％で話ができました。残りの 20％は、話の経緯がわかるよう、説明することに神経を割いたから。まだまだ、上手く話そうとする自分がいます。

幸福度に関するメモをシェアしてみる

　私は昔からメモ魔で、脳科学、心理学は大好き。知り得た情報は思わず人に話したくなったりします。なかでもメンタリスト DaiGo 氏のニコニコチャンネル（"メンタリスト DaiGo の「心理分析してみた！」"〈https://ch.nicovideo.jp/mentalist〉）は最新のデータが興味深く、今回はそのメモの一部をシェアしてみることにしました。

　人が幸せを感じる要因。その割合は、遺伝が 50％を占め、残りの要因は行動が 40％、環境が 10％らしいのです。こちらのメモを河川敷にてライブ配信でお見せしました。

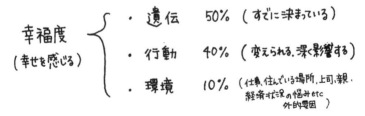

2016年 8月4日 ニコ生放送

< 要因 >

幸福度
(幸せを感じる)

・遺伝　　50%　（すでに決まっている）

・行動　　40%　（変えられる.深く影響する）

・環境　　10%　（仕事.住んでいる場所,上司,親,
　　　　　　　　　経済状況の悩み etc
　　　　　　　　　　　外的要因　　　）

※ ちなみに 注目すべきは
　遺伝子は ON・OFF（ネガティブ・ポジティブ）あり
　行動で ON にも OFF にも 出来ることが わかっている

しかし片手にスマホ、片手に紙を持っていて、風で紙が飛びそうになりました。夕日の中はリラックスできますが、資料紹介は室内の方が良さそうです。

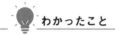 わかったこと

　自分の手書きの紙。字は汚いし、あまりお見せするものでもないと思いつつ、しかしこの時の私は友人にノートを見せている感覚でいました。配信に来てくださる方々を友人と思う感覚が芽生え始めたようです。

…ライブ配信43回目…

▽ もっと前から心の声を大事にしていたら……

　夢は白衣の天使。人に尽くす人生が素晴らしい。結婚したら夫に尽くす。子どもは親の言うことを聞くもの……等々。そんな考えで、長い間生きてきました。人生に悩んだ時は偉人の格言を拾っていました。

今考えたら本当に、自分自身はどこへ行ったんだ??　と思わず探し
に行きたくなります。ありのままで生きようと言われても。**ありのま
まと思っていたことが実は誰かの観念を引き継いでいる**なんて考えた
こともありませんでした。

　内側意識とか、ハイヤーセルフとか、心の声なんて考えたこともな
かった。この世は修行だと思っていたから、自分の声なんて二の次で
した。今目指したい生き方とは真逆です。

　あ〜あ。もっと早くにこの理論に出会いたかった。そうすればもっ
と、もっと自分らしく、生きられたのに。そして目の前の現実も違っ
たものになったはずです。

　今までの選択の結果が目の前の現実です。掛け違えたボタンは今か
ら変えていくしかない。なんだか軌道修正が、途方もない難題に思え
てきました。

　そんな話を河川敷でしていると、段々と気分が落ちていきました。
無理に話すのはやめよう。

「気分が落ちてきたので、この辺で終わります」

　話を途中で中断し、配信を終了しました。このエネルギーを参加者
約7名の方々へ渡したくないと思ったのです。これはなかなかのチャ
レンジでした。今までの私なら、苦しくても何とかして話を繋いでい
ましたから。

"フィードがリフレッシュ
できませんでした,,

ガーン

インスタの調子が悪いとき
投稿も閲覧も 出来なくなったりする

そんな時は どこでもドアを
しめ出されたような気持ちになる

ダメ!!

あああ
ドラ○もん
‥‥

入れてよぅ

インスタ依存か これは!?
いったん消して 空を見よう
雲を見よう 元々 皆つながっている

▽エネルギーが下がった時は……
ボルテックス配信！

　前回の配信時、話をしている途中で自分のエネルギーが下がっていることがわかりました。

　そんな時は、**"問題のエネルギー"に囚われている時**です。Happyちゃんの仰るように、**問題のエネルギーと解決のエネルギーは違う**のです。エネルギーが下がった状態で問題を解決しようとしても、それは上手くいきません。自分のエネルギーを転換してから、事に向かわなければ、低いエネルギーは低いエネルギーの現実を引き寄せるだけです。

　問題にぶち当たった時、気分を転換するには一旦問題から離れて、とにかく自分が楽しいこと、心地よいことにフォーカスすることだと思いました。問題の枠から一旦外に出るのです。

　そんな訳で、一旦不快な思考はさて置き、ワクワクすることに没頭してみようと思いました。自宅にてライブ配信をスタートさせ、画面に映し出したのはこちら。

バーバ
パパの
ガチャガチャ

買った当初、中にはガムが入っていたのですが、中身をチョコボールに入れ替えました。これをガチャガチャ回して出して食べたいのです。やりたい。これも、夢を叶えることに相違ありません。

　私は画面の前で早速回してみました。出ません……。何かが引っかかっていて出ません。「おかしいなぁ……出ると思うんですけど……」ご参加くださった数名の方々の笑っている絵文字が見えました。

　何度回しても出ない。何かが引っかかっているのか。結構時間がかかりました。出ない。出ない……そして、ついに……。一粒がコロリと転がってテーブルの上に落ちました。

「やったーーーーーー!! !!」最高潮のテンションです。

「やったぁ、やったぁ」言いながら食べました。

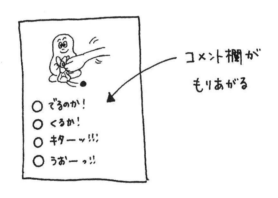

コメント欄が
もりあがる

○ でるのか！
○ くるか！
○ キターッ!!!
○ うおーっ!!

　コメント欄では拍手が流れて。

　実は今回の配信がライブ配信100回チャレンジの中で一番記憶に残る回となりました。何故って、初めて配信でアホになれた気がしたからです。

インスタ仲間の方々が配信を開始

　Instagram のライブ配信機能を利用される割合はまだまだ少ないようで、私がある方にお聞きした話ではその方はフォロワーが 500 人いて、その中で配信する人はたった 10 人という話を聞きました。まだまだ、利用者は少ないようです。

　そんな中、嬉しいことが起こりました。私のライブ配信チャレンジに常連でお越しくださっている方が今日、初の配信をなさったのです。配信をずっとやってみたいと仰っていた方です。飛び上がるほど嬉しい出来事でした。

　それまではコメントだけで繋がっていたため、初めてお声を聞いた時はやっと、本物にお会いできたような、そんな感覚になりました。

　その方へ向けて初配信のお祝いをしようと、外出中、近くの河川敷にてライブ配信をスタート。**緊張は珍しくないです。嬉しすぎて緊張は吹っ飛んでいました。**

　すると、願いが通じたのか。その方がお越しくださいました。
「おめでとうございます。そして他の皆さんも、本当に実在する人物でしょうか？　コンピューターじゃないですよね？」と私は空を映しながら問いかけました。

　この配信のあと、今度は別の方、M さん（ライブ配信 14 回目に登場）よりこんな投稿がありました。

　なんと動画で初めてお声を発してくださったのです。

　M さんの声を初めて聞きました (ノД`)…

　Instagram で文章と写真の投稿。ライブ配信で実際のお声を。皆が表現し始めました。

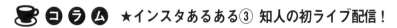

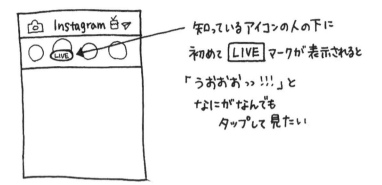

知っているアイコンの人の下に
初めて LIVE マークが表示されると
「うおおおっっ!!!」と
なにがなんでも
タップして見たい

▽雪だるまを沈めてボルテックス配信！

　前々回、バーバパパのガチャガチャができたことは、私の中で枠が外れる大きなきっかけとなりました。**人前で子ども心を全開にしてアホになる。**それができたら最高です。

　私はもっと、もっと、自分が楽しむことに集中したい。そして、配信に来てくださる方々を笑わせたい。そんな思いが芽生え始めました。やりたいことをやって皆で楽しみたい！　蛍星チャンネル発動です。直接人と会うことは苦手でも、配信なら、自分のタイミングで、自分がやりたいことだけやって終えることができます。それは**HSPにとっては絶好のチャレンジ場**です。

　今日は近所のカフェへ。2階席は客人はなく、配信できそうです。他のお客さんが来たらどうしよう。そうなったら、終了だけど……。人が来るまで、喋ってみようかな。ソワソワしながらライブ配信を開始しました。

　珈琲にマシュマロを入れてみたい。それだけのことなのですがそれが今やりたいこと。持参したのはKALDIで購入した雪だるま形のマシュマロです。

　数名の方がご参加くださいました。さぁ、入れてみますよ。

雪だるまが茶色いフロに入っているかの様で
そのシュールな映像に、コメント欄 大盛況

「少し溶けるのを待ちますね」とお伝えして雪だるまを画面から
フェードアウト。その間こちらの短編漫画をご紹介しました。

『ケシゴムライフ』
(羽賀翔一 著／徳間書店)
1分間だけ、流れ星に乗って地球を飛び出した少年。マンガ家をめざす高校生と、そのクラスメイト。ケシゴムの役割を教えてくれたおじいちゃん。―期待の新鋭・羽賀翔一の鮮烈なデビュー短編集!(カバー裏より)

「さ、マシュマロはいったいどうなったでしょうか?」再びカップを
画面に映しました。

どろ……

雪だるまの死体…

　なんだか見た目が残虐な感じになってしまいました……。ご参加く
ださった方々の笑いマークに、私も楽しくて楽しくて。
　この回はライブ配信100回チャレンジ中、最もご好評頂きました。
笑いながらもドキドキはしています。だっていつお客さんが来るかも
わからないのですから！　周囲を気にしながら行ったのです。

一応 許可をとった

▽ Happy ちゃんの瞑想を紹介してみる

　息子を出産した頃、子育て支援ルームで知り合った女性がいます。その方とは 10 年来の付き合いです。

　先日のこと、彼女から打ち明け話を聞きました。シングルマザーとなり精神的にも追い詰められている様子。私は彼女に伝えました。自分の**内側意識と繋がる、瞑想の時間を一緒に取り入れてみないか**と。

　この頃、Happy ちゃんは Instagram で朝の瞑想（HAPPY DJ のソースチャンネル）配信を実施されていたのです。参加人数は約 7,000 人。私もそのうちの一人でした。私は勧誘めいたことは嫌いです。ですが瞑想の効果は、科学的にも証明されていることです。それで彼女が楽になるかもしれないなら……。そんな出来事を夕方河川敷にて話しました。ちなみに Happy ちゃんの瞑想に参加している方々のことをこの界隈ではソーサーと呼称しています。アイアムソーサーです。

　「私は今日すべきことが沢山あるからいつもより余計に祈りの時間を作らなければならない」昔そんな言葉を聞いたことがあります。その時は、「やることがあるなら祈ってる場合じゃないでしょ！」と思いましたが、今ならその意味がわかります。祈りの時間は本当の自分の望みを知るために、望んだ現実を創造するために**内側へ帰着し、確認するための重要な時間というわけです。**

　「ソーサー増員だね！」とコメントが届き、改めて、ソーサーって何？と笑い合いました。共通言語を有す人たちに向けて話す……。これは随分と救われる心地でした。

6　ソーサー：ソースとは私たちの源のエネルギーのこと。ここでのソーサーとは、それについての発信をする Happy ちゃんの配信を聴いている人々のこと（笑）。

▽職場でも「世界は自分で創」った話

河川敷にて話しました。

上司から嫌がらせを受けていました
世界は自分で創ると思っているのに
私を排除しようとする
輩が現れる

あら ほたさん
出勤だったのー?

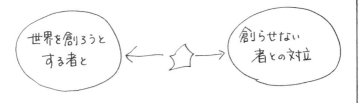

世界を創ろうと
する者と
←
創らせない
者との対立

そんな時
思い出したのは
HAPPYちゃんのこの言葉

良くも悪くも 自分に
影響を及ぼす 人間は
強烈な ソウルメイト

こんな奴
ソウルメイトだなんて
思いたくもないけど

上司

だけど確かにそんな人が現れてくれることで
私は"自分を生きる"本気度が試せるわけだなぁ

望まない現実を見て
望む世界を知る ‥‥だな

やってみようかな
この状況から
私がやれることを
全力で。
(名前ないけど)

そんな訳でその日から
出勤したら名前が無い事は
幾度とありましたが

腐らずに
自分のやれる事に
集中しました

皆がその様子を
見てくれました

すると
ある休日、上司から

これ食べなさい!!

あ、ありがとう
ございます

（介護士さん）

ポケットに
チョコ入れてくる
仕事中なんすけど

着信
〇〇病院

ごめんなさい、人手不足で
明日出勤してもらえませんか?

私の世界が
創られ始めました

はい

このエピソードを
河川敷でライブ配信しました

ちなみにこの上司、
しばらくたって
異動になりました

▽ 私的神回。星空を再現してみる

　ライブ配信は基本的に自由です。この頃、携帯の小さな画面に在る可能性を試したくなっていました。『世界は自分で創る』……。**創りたい世界観を画面に映し出す**、そして、その挑戦にお付き合いくださっている方々と繋がっているような気がしているのです。

　朝から顔がにやけていました。これはきっと、楽しんでもらえそう、と引き出しから取り出したのは『星空の封筒』です。

『**星空の封筒**』（かみの工作所）

封筒を開いて奥を光にあててのぞくと 夜の星空が見えるの!!

キャー
ときめくっ♡

　部屋を真っ暗にして懐中電灯を用意しました。ライブ配信を開始し数名ご参加くださった方々へ向けて「家にいながら今から皆さんに星空をお見せしますよ～ひひひ」と宣言しました。やだも～、めっちゃ素敵な空間♡　自分的には神回だったと思うのですが、実際はどうだったのだろう。

封筒の中を画面に向けて
うしろから懐中電灯を当てて
右手で "星に願いを" の
オルゴールを
回す。

「きれい」「素敵」等々コメントが流れてきましたが、それを真面目に受け取って宜しいのでしょうか。皆さん気づかっておいででしょうか。それとも……。

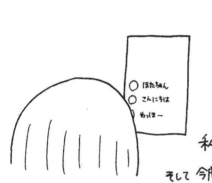

どんどん上に流れていく
コメント。
自分の映し出している世界に
遊びに来てくれる
小人の住人みたいだ。

私の世界、私が作り出す世界

そして 今度は 私がおじゃまする時は
相手にとって、私は 小人になるんだ

はがきの名文を読んでみる

　短く人の心をつかむような文章が好きです。詩や短歌、キャッチコピー等にも興味があります。今日ははがきの名文コンクールという本を読んでいました。

　そこでふと、はがき1枚分の大きさなら携帯画面にそのまま入れ込むことができるな。そんな思いが湧いて、だったら映し出してみては？と、早速配信スペースにて本を開けてみました。緊張はしていますが、どなたと繋がるか、ワクワクしながらライブ配信をスタート。

『はがきの名文コンクールーわたしの願いー』
（齋藤孝、吉本ばなな、堺屋太一　選、はがきの名文コンクール実行委員会　編著 /NHK 出版）
はがきに願い事を書いてポストへ。気持ちが少し、変わった。明日がきっと、変わる。＜勇気をくれる 130 人の名文＞第 3 回コンクールの受賞作 31 作、最終候補作の中から 99 作を収録（帯文より）

　Instagram のライブ配信では、本の朗読をされる方もいらっしゃいます。しかし、それは私にとってはなかなかハードルの高いことです。短い文章ならすぐに終えられますが、長い文章だと「皆聞いてくれるかな？」「飽きさせているんじゃないかな？」「本当にこれ、聞きたい人いる？」等、読んでいる間に、ざわざわ不安になってくるのです。

　ライブ配信は試聴者がいない状態で話し始めても構いません。ただ、

私はやっぱり、それは寂しいので、配信を開始してから誰もいらっしゃらない場合は一旦終了して、時間を空けてからやり直していました。

　誰かひとりでもお越しくださった時点で話しだす。そんな状態でした('◇')ゞ

コメントに来てくださった方に
ずっと話しかけていたら

Aちゃん
それでねー
それでー

Aちゃんは すでに
抜けていて、いなかった事に 後で気づく

そんな事を防ぐためには

⑥

ライブ配信中、参加人数が
右上に 表示されます。

タップすると現在の参加者が表示され
きいて下さっている事が わかります。

0 の時は 誰も いない!!

抜ける時、参加する時の
あいさつは 必要??

決まりは ないし、する人 しない人 様々です。
私は 話し手の話の 腰を折らないように
こそっと 抜ける時も あります。
参加していて 突然 切らないといけない時も
ありますし、ケース バイ ケース でしょうか…。

コメントに参加してくれたからといって
参加者がじっと聞いてくれているとは
かぎりません。

買い物中
だったり

イヤホン

電車の中だったり

人と会ってる時だったり

家事中だったり

ゲッ

ライブ配信
はじまった!!

見たいけど
見れない

お風呂の中だったりする

コメント打ちたいけど
手がぬれててムリ

最も ラッキーな
パターンは

さぁ 今からコーヒー淹れて
休憩 …と、ひといき
ついた時 始まる
ライブ配信

おっ

▽ ボルテックスから外れたまま配信

　その日は憂鬱な気分でした。落ち込むことがあって、暗い気持ちのまま、娘を習い事のプール教室へ送り、待ち時間にひとり、駐輪場横の階段に座り、ライブ配信開始のボタンを押しました。

　いつも来てくださる方々４名、「こんにちは～」とコメントが流れて。私は「まんまと引っかかりましたね、実は話すことはないのです」とお伝えしました。凹んで、誰かと繋がって癒やされたかっただけなのです(; ´ Д `)　その手段としてライブ配信を始めた！　まさかの図々しさに、自分で驚きです。不思議だなぁ。顔も知らない人たちと、どうして繋がることができるんだろう。

　コメント欄には「だまされた～ｗｗｗ」の文字が流れていました。
　だけど折角来てくださった方々へ、愚痴だけをばらまくのは失礼だ。
　エネルギーを高めるために口にしたのは「ボルテックスから外れるという状態がどんな状態か今はわかります」という自分の状態についての考察でした。
「肩はこっているし、窮屈な考え方だし、呼吸は浅いし……」そうして話している間に気分が楽になっていきました。来てくださった方々ありがとう。

▽ベニシアさんの真似をしていた件について

　雪だるまのマシュマロを入れたカフェ（46 回目）でひとりお茶を
していました。店の本棚にある『ターシャの庭』（画集の方）を見て
いたらふと、以前、自然派生活をされている京都大原在住の "ベニシ
アさん" に憧れていたことを思い出しました。（本名：ベニシア・ス
タンリー・スミス。ハーブ研究家としての生活スタイルを執筆し、本
を出版している。NHK にてドキュメンタリー番組や映画が製作され
ている。）

　自分はハーブも虫も苦手なのにベニシアさんの暮らしぶりを真似し
ようとした時期があって。その時のことを思い出したら笑えてきて、
当時の話を誰かにしてみたくなりました。周りを見ると誰もいませ
ん。2 階席に私だけです。また、誰かお客さんが来たら切るつもりで、
ライブ配信をスタートさせました。

　ベニシアさんの格好を真似したがそれが全く似合わなかったこと。
そのことを小声で話すと参加者の方と盛り上がりカフェの 2 階にひと
りでいるのにお腹を抱えて笑ってしまいました。しかし理性も働いて
います。1 階のスタッフに「2 階であのお客さん、ひとりで喋ってる
……」と思われてやしないか、笑いつつハラハラしていました。

　笑った後、配信を切ると真顔に戻ります。

　私、凄いことやってるなぁと、改めて自分に呆れました。一念に従うとこんなことをやるはめになるのです。直感的で、野性的で、本能のままの心の声。それを行動に移していく。これは、自分の枠が嫌でも外れていきます。

▽出勤前の 10 分間配信を始める

　ライブ配信を始めて、ずっと気掛かりだったこと。それは「配信に付き合わせてしまって申し訳ない」という思いでした。私のために時

間を使わせてしまっている。この想念がなかなか払拭できないでいました。私が話す練習と言っているから、皆さん付き合ってくれているんじゃないか？

　放っておくと思考はそちらへ進みます。ですが、ここで、自分に許可を出します。申し訳ない想念を拭えないことが悪いんじゃない。今の私はそんな立ち位置にいるのです。**どんな感情にも OK を出す。**そして、そこから今の私が、楽に感じる選択をしてみよう。端的に、自分が言いたいことを短く言ってみたらどうか？？　短い時間なら、相手の時間を奪っているという罪悪感を手放せそうな気がしました。

　そんな訳でこの日から出勤前の 10 分配信をやってみることにしました。出勤前とは私の場合 AM8:20 〜 8:30 です。多分皆さん朝の支度で忙しい時間帯。余程のことがない限り、そもそも聞く人はいないだろう……。そう思い、半ば強引に、反応を恐れながら始めたのですが……。7、8 名の方が集まってくださいました。「お化粧しながら見てます」「バスの中です」「満員電車に揺られています」そんなコメントが届きました。

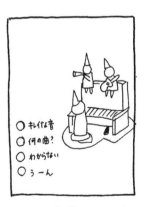

○ キレイな音
○ 何の曲？
○ わからない
○ うーん

10分配信を始める経緯について
説明した後. オルゴールを画面に
映して 鳴らしました。
「このオルゴールの タイトルが
　知りたいのですが わかりません。
　どなたかご存知の方
　　いらっしゃいますか？」と
質問を 投げて おわった。

仕事から帰って携帯をひらいたら
メッセージが届いていました。

〝愛の オルゴール〟 だそうな ♡
朝から ええ曲 流したわ

　この時、付き合わせてしまって申し訳ないという意識に、タイミングが合う人が来てくれるという意識が追加されました。まさか、朝の10分間という時間に来てくださる人がいるなんて、思いもしなかったのです。

…ライブ配信54回目…

▽目指しているのは心と言葉が一致すること

　ライブ配信で本を紹介したり、思いを話す中で、ある方から「蛍星さんのゆっくりとした話し方が良いね」とコメントを頂戴しました。違うんです‼　私、元は早口なのです。しかし、このライブ配信チャレンジでは意図的に速さを落とすことを心掛けていました。ゆっくり、ゆっくり自分の心を観察しながら内側の意識を言葉にしていたのです。そんな時、本屋で気になるタイトルの本を見かけました。

『「言葉にできる」は武器になる。』　　　　✕

(梅田悟司　著／日本経済新聞出版社)
「言葉にできない」ことは、「考えていない」のと同じである。外に向かう言葉だけではなく、内なる言葉に目を向ける。それが、言葉を鍛える新ルール！（カバー表より）

『「言葉にできる」は武器になる。』、うん、私も今そう思います……。と中身を覗いたら……あっっ!!

　このイラストを見て、私の中で衝撃が走りました。**①内側の言葉を②外に向かう言葉へ変換すること**。それは今、私が行っていることだと思ったからです。

　早口では、内側意識を言葉へ変換することは困難です。ゆっくり解析するからこそ、それは変換可能となるわけです。その特訓を、私は今実践しているのだと改めて自覚したのでした（この気づきを自宅の配信スペースにて本を広げながらライブ配信で話しました）。

　※しかし『「言葉にできる」は武器になる。』の本筋は、私の見解とやや異なる点があります。それは、こちらの書では内なる言葉の語彙力と解像度を高めることを主軸としている一方、私の主軸は語彙力を高めることではありません。解像度を上げることは同じですが、人は内側意識を言葉へ変換する際、外側意識となり、本来の（内側の）言葉が歪む。そのため①と②の差異をできる限り少なくすること。その訓練に私は重点を置いています。語彙力を高めることは、次の段階であると感じています。

今までは

沈黙が怖くて
とにかく その時間をうめるために
ベラベラ 喋ってました。

あーで
こーで
あーで

ベラ
ベラ

ある意味、話がうまい人だと
誤解される。
思ってもない事を口走ってしまう。

↓ 改善

 ライブ配信を
始めてから

沈黙をうめるために
喋っていた時間を、
内側でわいている言葉を
観察する時間に変えました。

?
?

私は どう思ってる??
何を 感じてる??

今までは 心と讃が
一致していなかったから
苦しかったの

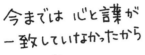

内側の
声

ここで詰まってた。

・言ってはいけない
・こんなこと言ったら嫌われる
・変に思われる
・相手を傷つける

内側の声にフタをしてました。

それをしていると
私の様に のどが詰まるかもしれません。

『咽喉頭異常感症』

くるしい

外側意識の壁を突破する。
そのために内側意識に
集中することにしました。

うんうん

会話中の沈黙を
紛らわせるための言葉ではなく

人の顔色を見て
その人の言ってほしい言葉を
探すのでも なく

上がってくる 感情を
言葉にする

とり出す
言葉

初めは 上手く出来ない。
でも 少しずつ 少しずつ
心と声(言葉)の内容の
ズレを なくしていく。
※ これは 練習です

心と言葉が
一致してくると
自分が統合されていく

自分自身である

※ 言いたくないことは言わなくていい。
言うことが気分が良いなら言う。

歩行編
55回目〜84回目

Chapter

3

目指していることが明確に。
内側の言葉を外側へ。
画面の向こうに繋がる世界へ。

話すのが上手くなるテクニックを学んだ過去

　前回、内側の言葉を外側へ変換する。この取り組みが今の自分の課題であることが明確になりました。20 代の頃からコミュニケーション関連の本を沢山読み、話し方教室へ通ったこともあります。それらの大半はテクニックを学ぶものでした。

　私はカウンセラーを目指しているわけではないのに。なんだか間違った方向へ行った気がします。必要なのは話を続かせることではなく、相手の出方を見ることでもなく、内側を出す訓練だったのです。

　私が配信で「話すのが苦手だ」と言うと、コメント欄で「うそ〜？上手だよ」なんて反応が返ってきます。その場を取り繕う言葉を発してしまうだけなのです。

　どうしたら信じてもらえるでしょう。まずは自分の現状を話し、信じてもらうことから始めなくては。家の配信スペースに座り、こちらの本をお見せしました。「話が苦手な人間はここまで行くんですよ」

『話がつまらないのは「哲学」が足りないからだ』
（小川仁志　著 / 青春出版社）
うまい「たとえ」、絶妙な「間」、心の壁を破る「聞き方」、
盛り上げる「展開」… 人を惹きつける大人の雑談力は、
哲学で身につく!（帯文より）

「哲学まで行きました」そう言うと、ご参加くださった数名の方々に大ウケしました。本望です。そのあとは、手元の珈琲を映し、コンビニで購入したチロルチョコのマシュマロバージョンをお見せしました。

「今回は珈琲には入れません。このまま食べてみたいと思います」そう宣言してモグモグ食べると参加者の方々から、「入れてくれ〜！」との反応があり。46回目の配信がウケたようです……(;' ∀ ')

▽改名を考える。その名も「哲子」

前回、哲学の本を取り出し、そういえば……、昔から物事を考えすぎる性格だし、「哲子」っていう名前に変更しようかしら。私、明川哲也さん好きだし、しかも私の父の名前には「哲」がつきます。「蛍星哲子」（ホタルボシテツコ）っていう名前はどうでしょう？

そんな思い付きをして、自宅の配信スペースにて配信をスタート。思いついたら即話してみる。そんな**瞬発力のチャレンジ**です。思い付いて、すぐ配信を始めないと、「こんな話（はなし）してどうなるんだろう、やめとこうよ」と二念がわいてきますので、**二念を封じ込める作戦**です。

すると、5名程の参加者の中から「徹子の部屋みたい♬」とコメントが入りました。「哲子の部屋！！！」「おおそれは、まんざらでもない‼」と応対しながら、なんだか笑いすぎてお腹が痛くなってきました。

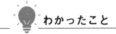

わかったこと

くだらない。なんてくだらないのだろう。そしてこんな、くだらない時間を一緒に過ごしてくれる人がいるとは、感動です。

そして、この回の後日談。

ここで知り合った方の中にイラストを描かれる方がいて、私のアイコンの絵を描いてくださいました。1枚は美しく。2枚目は……、この時のテツコになぞらえて。楽しすぎます、ありがとう。

▽フォロワーさんの初配信を祝って乾杯！

　私がライブ配信チャレンジを始めるようになって、繋がった方々の中に「私もやってみよう」と声を上げてくださる方が現れ始めました。私のやりたいは、誰かのやりたいでもある。勇気を出すことは誰かの勇気にもなる。**周りはデータ。出会いの中で欲しいデータの交換を実際に行っている**ようです。

　今日はいつも配信にお越しくださる常連の方が、初めてライブ配信をされました。そのことが嬉しくて嬉しくて。お祝いしたい！　でもどうやって？　お祝いといっても家まで行くことはできません。あくまで今は Instagram の繋がりです。それなら、それらしいサプライズがしたい！

　私はその方（以下Ｓさん）へメッセージしました。ご都合をお聞きして、「夜○時に飲み物を用意して、携帯の前で待っていてもらえ

ませんか？　その時間にライブ配信します」とお伝えしました。

　そして約束の時間に、私はライブ配信をスタートさせました。

　場所は大阪のとある場所。『不思議の国のアリス』の世界を再現しているお店。テーブル席にはアリスが飲んだ、体が小さくなる水の瓶。

　そしてトランプのメニューカード。私が手にしているのはアリスのオリジナルカクテルです。Ｓさんと不思議の国で乾杯しているイメージを創りたかったのです（実はこの頃、インスタ内でアリスのお茶会を開催しているイメージの記事を載せていましたので、実際に表現してみたのです）。

　周囲のお客さんに怪しまれないか、ドキドキしましたが、「ええい、やれ！」アドレナリンが放出され。本当に、ここは不思議な世界です。携帯画面に触れただけで誰かの世界と容易に繋がることができるのですから。この魔法の道具を、私はこれからも使っていきます。

▽ いわゆるゆり戻しを経て大気圏を突破！

　今までどこにいても、人に合わせることが普通だった私にとって、相手に NO を突き付けることは本当にしんどいことです。でも自分自身を生きるためには避けて通れない関門です。今まで自分を抑えてきて、ある日突然 NO を突き付けるのだから、周りは混乱します。そして抵抗されます。**「自分を生きようとする時必ず反対勢力とぶつかることが起きる。それはもれなく届く自動返信機能だと思ってください」** と聞いたことがあります。まさにそんなことが起きていて、そのことをライブ配信で話しました。

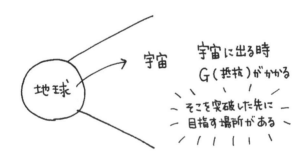

「自分を生きるということは純度が上がるということ。排除するものが増えて人とぶつかって当たり前。純度を上げるために必要な状態」

（松丸政道氏　HAPPY　SCHOOL にて）

▽「自分を生きなきゃ！」の人に怒られる

公園のベンチにて話しました。

私にとっての正解は、毎瞬自分にとって気分の良い選択をするこ
と。それは誰かにとっては不正解なことかもしれない。そんな話を少
し。

▽朝の 10 分配信：新聞の人生相談を取り上げる

　朝の 10 分は貴重で、仕事前は焦ります。自分がそんな調子なので、
この時間の配信は皆に迷惑かな？　なんて思いがわきますが、いやい
や、それは思い上がり！　皆さん、それぞれの「今」に従っているの
だから！　タイミングが合う人だけ、繋がればいい。そんな気持ちで
ライブ配信を開始すると 6 名程の参加者がいらっしゃいました。

　2006 年 6 月 30 日付の朝日新聞の人生相談記事の切り抜きを画面に
映しご紹介。勤め先をリストラされ、「自分は社会で無用？　残され
た道は自殺しかないのか」と嘆く男性に対する明川哲也氏の回答。映
画やアニメの主人公を数人例にあげ、その上で「みんな苦しかった。
主人公だから苦しかった。逆境も挫折もない主人公なんて、物語の歴
史にはただの一人もいないから。あなたもきっと苦しい。なぜならあ
なたは主人公だから。……（省略）……あなたはぐしゃぐしゃになっ
て、いい具合に負けこんできたところですね。自殺で終わらせてしま
うには、あまりにもったいないドラマ設定です」

　切り抜きを読んだあと、家に帰るとある方からメッセージが届いて
いました。新聞をスクショ（スクリーンショット）してほしいとのこ

と。朝のたった 10 分の行為がこうして必要な人に届いたわけです。絶妙なタイミングというものが存在する。そのことを思いました。ちなみに、現在（2019 年）は新聞購読はやめました。令和時代に突入し紙の媒体は姿を消してゆくのでしょうか。今は携帯で見つけた記事をスクショしています。

…ライブ配信 61 回目…

▽漫画大人買いと水切り豆腐

　家の配信スペースに腰をおろして、映したいものをテーブルの上に並べていました。配信開始のボタンを押す時は相変わらずドキドキはしていますが、段々と波に乗ってきたようです。

　最近は自分が楽しむことを目標にしています。今日は大人買いした漫画が届いたところでしたので、それをお見せしようとダンボール箱から取り出しました。

　そういえばこのチャレンジを始めて、何を話せばいいのかと悩んだことは一度もありません。不思議です。話すのが苦手と言いながらも**自分には話せることが沢山ある**ようです。

　今回、紹介した漫画はこちら。

『覇王伝説　驍（タケル）』

（島崎譲 / 講談社）
乱世が続く戦国時代、部下の裏切りで、父を、最愛の姉・
詩織を、そして鳳領すらも失った驍。「強くなれ!」父の最後
の言葉を胸に、若き覇王の闘いが始まった!（Web サイト『講
談社コミックプラス』より）

　途方もない正義感、清廉潔白な主人公の動向に胸が熱くなること請
け合いです (^ ▽ ^)

　お勧めのシーンをめくったその後は冷蔵庫から一晩寝かしたある物
を取り出しました。一度、水切りヨーグルトの入れ物に豆腐を入れた
らどうなるのか試してみたかったのです。豆腐も水切りヨーグルトの
ようにもっちりした食感になるのか？

　出してみたら……。ただの水の切れた豆腐でした。参加者から「そ
りゃ、そうだ」とコメントが入りました。

　水が完全に切れたらもっちりするかな、なんて思ったのですが！

　この配信後「塩を入れてもう一度やってみて。そしたらモッツァレ
ラチーズみたいになるよ」とメッセージが届きました。

　Instagram はもしかしたら怖い場所かもしれません。でもこんなに
親切な人だっているのです。捨てたもんじゃないです、ライブ配信。
ここには希望があります。

▽冬のアイテム、冷え対策グッズをご紹介

　12月。いつもコメントに来てくださる方の配信を見ていたら「冷え性で困っています」と仰っている。そこで「お薦めしたいものがある！」と思った私はホットパッドを取り出しました。沖縄県の女性専用鍼灸院『ひだまり堂』さんの首周りを温める商品です。こちらを配信でお見せしよう。どなたか見に来てくださるかな……？

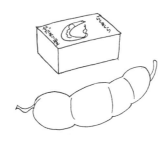

　この瞬間は毎回緊張します。**開始のボタンを押すのに抵抗はなくなりましたが**、**うまく話せるかどうか緊張する**のです。伝えたい方が来てくださるかは賭けです。そんな中、3名程の方がお越しくださいました。

　画面に商品を映し、使い方を説明していると、なんだか通信販売員にでもなった気分。実際、そのような活用方法もできますね。手作り販売をされている作家さんは画面を通して商品説明なさる方もいらっしゃいます。

　説明の最中、コメント欄では商品に対する質問が流れていました。こんな時は、参加者をゲストとして招待する機能を使用すると、二画

面になり、直接受け答えできるのですが……。(この時の私は、まだ自分の配信方法しか知りませんでした(´◇`)ゞ)

　普通に話すことより、説明をすることの方が何倍も緊張します。自分の説明の下手さ加減に動揺しながら、配信を終えました。

　<後日談>

　仕事を終えて、ロッカールームで着替えをしていたらライブ配信の表示が。見てみると……、首にこのホットパッドを巻いて登場している方がいらっしゃるじゃありませんか！！！　びっくり‼

ほたちゅーん
買ったよ〜

なんとっ‼‼

…ライブ配信 63 回目…

▽朝の 10 分配信：新聞記事『きっかけは水族館』

　自宅の配信スペースにて新聞の切り抜きをご紹介しました。
「水族館ってどんなところなの？」と母親に質問攻めする、幼稚園の

息子さんのお話です。

「ある時初めて園の遠足で本物を見に行きました。戻るなり血相を変えて走ってきた息子が母親へ言ったひとこと。『違った。水族館はお母さんが言ったのと全然違った。お母さんに何度聞いてもわからなかった。でも僕は自分の目で見てすぐにわかった。自分の目で見る事が大事だと今日、わかった。それを一番にお母さんに伝えようと思って、急いで帰ってきた』衝撃がいつしか大きな喜び、そして感動に変わっていました。……（中略）……この子はその日、大切な物を手に入れました。『百聞は一見に如かず』という言葉の真理でした」

　（2009年6月26日掲載　朝日新聞　読者投稿記事『きっかけは水族館』より引用）

　記事を紹介して出勤。すると前回(60回目)と同じように帰宅後メッセージが届いていました。そこには感想が綴られてありました。

▽人がいなくなるのを待って、河川敷で配信

夕方、自転車をこぎ、河川敷へ向かうと、いつもの場所に女子学生の集団がいました。「あ、これはやりにくいな」としばらく彼女らがいなくなるのを待っていましたが、なかなか動く様子もなく、私は河川敷と道路を行ったり来たり。

やっと姿が見えなくなった時には、夕日は沈みかけていました。でもやはり私は夕日と川の音、柔らかなオレンジの光に包まれるこの場所が、何よりリラックスして配信に挑めることがもう、わかっています。

家で話す時と、夕日を前に話す時、どちらも同じ内容であっても**夕日の前での私の方が、断然、内側と外側の言葉の差異は少ない**。これはひょっとしたら結構重要な気づきかもしれません。**意図的に意識の中で、夕日の感覚を作り出せばいい**のですから。どうやって？　それは追い追い。

今回は沈む夕日を前に慌ててライブ配信をスタート。職場で同僚に注意ができないというような話を少し。

万巻の書も…

この一瞬のきらめきには敵わないな・・・・

まんが　乾田書館より引用

▽冬のアイテム第 2 弾！ 乾燥対策グッズ

　乾燥肌で冬の時期は、体をボリボリ掻いていますが、最近肌に合うボディソープが見つかりました。それを紹介してみようと自宅の配信スペースにて話し始めました。

　ボディソープ、掻痒感を抑えるクリーム、そして体のマッサージに使用できるアロマオイルを画面に映しました。

保湿成分が
洗い流されないボディソープ

hada kara

かゆみ止め
成分入り

メンターム
EX

Primavera 50ml
ネロリ&セントジョンズワート
これを無印良品の
アルガンオイルで
うすめて肩や首すじに
つけてマッサージ
してます。

　6 名程の方がお越しくださいました。私は、皆さんのお薦めもライブ配信で紹介してもらえたら嬉しいな。配信リレーができたら楽しいなと思いました。しかし、実際は私の配信で止まりましたが (;'∀')。

＜後日談＞

　しかし、この後。配信リレーを初めて目撃しました。コメント欄で繋がっている方々同士が、夕日の沈む状況を東西各地で順に配信されたのです。それは本当に素敵な光景でした。

ライブ配信を通してお互いの世界が地続きであることを感じまし
た。この頃、リアルタイムの配信にお越しくださる方々は大抵 10 名
近く、保存の視聴者は 20 ～ 30 名程でした。

▽「練習しないチャレンジ」！
　　フラメンコの発表会を終えて

　今日は年に 1 度のフラメンコの発表会を終えたところでした。実は
この 1 年間、教室に通いながら、あるチャレンジを行っていたので
す。その結果報告を、自宅の配信スペースにてしました。
　そのチャレンジとは……、**家での自主練を完全に放棄すること。「自
主練を全くしないで発表会の舞台に上がる」**、そんなチャレンジを行っ
ていたのです（練習しないチャレンジ）。

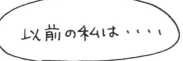

以前の私は・・・・

鏡の前で猛練習。
皆に見られる、どうしよう
振りをまちがえたら迷惑がかかるetc

不安・焦りのエネルギー

がチ　がチ

どうやったら緊張がとれるのか
人前で緊張せず立てるのか
4年間 HAPPYちゃんの仰る"内側意識"を
研究していました。

目の前はただのスクリーン。
スクリーンの中に入ってはいけないって
旺季志ずかさんは仰ってたけど
　どういうこと!?

音楽だけに
集中してみよう。。。だめだ やっぱり無理!!

| 視線 |
| 視線 |
| 視線 |
| 視線 |

ある時… 客席が見えなければ良いんだ!と

秘技
寄り目!!!

目を寄り目にして
客席をぼやけさせたら
回転した時
吐きそうになった

・・・で、今回のチャレンジ

こわいけど　練習を いっさい やめてみることに
　　　　　　　　　　　　　　　しました。

鏡 片付けよう
・・・・

フラメンコの舞台を
上に置くのは やめて
操縦席に自分が
　　　座りなおしました。

そして『今』に集中しようと
　　　　　思ったのです。

日常を過ごす中で、その時の『今』に
練習したい気持ちがあれば すればいい。
焦りのエネルギーで 行うことは 全てやめました。

そしたら、結果的に
本番当日まで、練習を選択することは
　　　　　　　無かったのです

つづく　　──→

そして迎えた本番

私のメンタルはどうなってるんだろう?
自分を内観してみると……
ちょっとにやけている自分に気づきました

私、何やってるんだろ
練習もしないで
舞台に立ってるなんて

もうじき 出番……
でも うまく 踊れる訳ないじゃん
そもそも 練習してないんだから!!

なんだか自分のやっている事が
無性におかしくなってきたのです

もう、楽しむしか
ないな〜

はは〜……

そう思ったら
今までで1番力を抜いて
踊ることができて

そして この日
自主練習を全然しなかった
私の踊りを見て

フラメンコを習いたいと
言った人が
居た様です

今までは 何だったんだろう

今回のチャレンジは
私に踊りの楽しさを
もう一度
思い出させてくれました

<後日談>

　実は、今回の実践中、習い事をどのように「自分自身で在る」状態で続けるか、お互いに模索し報告し合っていた人がいます。

　その方(以下Aさん)は空手を習っていました。空手は忍耐が必須。教室に通っていれば自分だけやりたくないメニューをやらないというわけにはいきません。ワクワクに従うだけでは続けられないこともあります。そんな時は？？？

　私がAさんより先に「心に従う」実践結果を報告する番でした。自主練をやめてみること。それは本来、とても恐怖の付きまとうことです。観客がいる、仲間もいる、講師もいる。その中で練習をしない選択などあり得ないことでしたから。

　しかし、結局そのままの私で人前に立って、笑えたら、今までで一番良い踊りができ、それをご覧になった方へそのエネルギーを渡すことができたのです。

　一方、Aさんは……。なんと、ライブ配信にて『心に従う空手部』を結成しました！　筋トレも何もかも練習は、自分がやりたい分やる。そんな世界を配信で表現され始めたのです。

…ライブ配信 67 回目…

▽ "こち亀" 本からやなせたかし氏の 言葉を紹介

　自宅にて、『超こち亀　こちら葛飾区亀有公園前派出所連載 30 周年

記念出版』（集英社）を開いていた時、故やなせたかし氏の著者への
お祝いコメント（※著作権上、内容掲載不可）が秀逸だと感じました。
なんだか配信でお見せしたくなり、その頁の一部をご紹介しました。

　数名のご参加あり。画面に主人公の両津勘吉氏が目一杯映り込み、
なかなかシュールな映像となりました。私だけが良いと思っている可
能性大ですが、いいのです。目標は外側意識を打破すること‼

▽暗いエネルギーを言語化で転換させる

　ライブ配信では、低いエネルギー状態の時は、極力配信しないよう
にしていました。試聴者の方々へそのエネルギーを渡してしまうと
思ったからです。できることなら、見てくださった方が前向きになれ
るような発信を心掛けたい。しかし、その一方で今回のチャレンジは
「内側意識を言語化する」 その訓練なので、時には暗い感情を言葉に
することも必要でした。

　今日はもやもや憂鬱な気分です。その原因を語ってみよう。家で話
す気分ではありません。そんな訳で公園のベンチにてライブ配信をス
タートさせました。

　すると原因をひとつひとつ分析して語っていくにつれ、気持ちが整
理されていきました。話しているうちに心の安定を取り戻したようで
す。参加者の方から、「私にも同じ部分がある」と共感を得ました。

　落ち込むためではなく上がるために話す。そう決めて配信するのも

良い。方向性は上がるため。

▽やなせたかし氏の言葉を借りて

　前回、やや低いエネルギー状態から話し始めましたが、結果的には話すことで気持ちが整理されました。**言語が内側の中心意識に自分を戻していく**、そんな感覚です。そんな時は、さらにその感覚を後押しするために好きな文章を繰り返し読むのが私のやり方です。珈琲やお風呂、香りを楽しむことと同じく、言葉には人を回復させる力があります。

『やなせたかし　明日をひらく言葉』
（PHP 研究所　編 /PHP 研究所）
なんのために生まれてなにをして生きるのか　「アンパンマン」「てのひらを太陽に」の生みの親から、あなたへ贈るメッセージ（帯文より）

　家の配信スペースにて、こちらの一部をご紹介しました。前回来てくださった方にも届きますように（※著作権上、内容掲載不可）。

メッセージ送信失敗のお詫びをする

　この頃、私は Instagram の記事内でアリスのお茶会を開催していました。実際のお茶会ではなく、想像上の遊びです。ある時、そのお茶会の席にご招待するつもりで複数の方へサプライズメールを送信したのですが……。手違いによりそれがグループメッセージとして送信されてしまったのです。

　朝から携帯の通知音がバンバン鳴り響き「何これ？」「どういうこと？」「ほたちゃんのいたずら？」とメッセージが飛び交って大混乱！……ひ～～～、やってしまった！　本当に、本当にすみません……(ﾟДﾟ;)　そんな訳で慌ててグループメッセージの退会方法を調べました。

　そしてここは誠意をお見せしなければと思い、カフェの仕切られたスペースにてライブ配信を開始。そこで退会方法をお伝えしました。お面をかぶって。

　画面に顔を出すなんて、私には、まだまだハードルが高すぎます。でも、ちゃんと自分が登場しなくてはと思ったのです。

しかしこの配信をご覧になった方から「カフェでお面かぶって話す方がよっぽどハードル高くない？」とコメントを頂きました。言われてみればそうかも。

インスタライブ
70回目にして

書くより喋った方が
早いという意識が
生まれました。

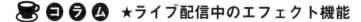

☕ コ ラ ム ★ライブ配信中のエフェクト機能

顔を出したくない方にはエフェクト機能がお勧めです

エフェクトとは、顔など、画面を
加工してくれる機能です

Instagramで
ライブ配信

ライブ

色々選べます。

　でもエフェクトは動いた時に時々ずれたり消えたりするので、やっぱり私にとっては恐ろしく、まだまだ上級者用という感じです (;' ∀ ')

▽朝の 10 分配信：バラとトルコキキョウ

　フラメンコの発表会で頂いた花束。その中の一輪をずっとバラだと思っていたら、実はトルコキキョウであることが判明し、朝から唸っていました。

『ガラスの仮面』という漫画をご存じですか？　主人公の役者・北島マヤは、陰のあしながおじさん（紫のバラの人）から紫のバラを受け取り続けるのです……。私は貰った花束を見ながら紫のバラの人を想像してニヤニヤしていたのに！　その勘違いを朝、出勤前の 10 分で話しました。

『ガラスの仮面』48 巻　✕

（美内すずえ　著／白泉社）
小野寺・赤目に稽古の成果を披露した姫川亜弓は、神秘的な演技で二人を魅了。試演まで視力の悪化を世間に隠し通すと誓う。一方、北島マヤと桜小路優は自らの気持ちを役に重ねて演じる稽古に取り組む。その頃、速水真澄と鷹宮紫織は!? （カバー裏より）

　花を映しながらライブ配信スタート。　こんな話に 10 名程の方々がお付き合いくださいました。段々と回を重ねるにつれ、**話題選びも軽くなっている**ことに気づきます。

 **わかったこと**

とにかく回を重ねることです。いつかきっとそのことに慣れる時が来ます。話せるかどうかは慣れです、絶対！　たぶん！

…ライブ配信 72 回目…

最も内側意識で話そうとした回

　夕方、自転車を走らせていつもの河川敷へやってきました。何度ここへやってきたことでしょう。今日はどうしても、語りたい出来事がありました。

　私は療養型病院に勤務しています。その中でダウン症の50代の患者様がいらして、その方のお父様が別病院で危篤状態とのこと。今回、ご家族の希望で、患者様をその病院へお連れし、最期の場に立ち会わせる、その送迎役が私に回ってきたのです。

その日の朝、Happyちゃんのご親友の愛ちゃんがダウン症のお子さんを出産され、お子さんから「『本当の幸せを教えてあげる』というメッセージを受け取った」とお話しされていたところでした。

　ダウン症の患者様であっても50歳まで生き、親の最期にも立ち会える。そんなことを目の当たりにして、この世界はやはり意味があって、メッセージがあって、全てが繋がっていると感じました。

　その思いを一語一句、間違えたくないと思いながら話しました。間違いたくないというのは、私の**言葉の選択ミスで今の思いが歪むことが我慢ならなかった**のです。こんなに、**ゆっくり、ゆっくりと内側を見つめて心を音声に変換した**ことは初めてでした。私の中の何かに敬意を払っている感覚。その正体は、きっとハイヤーセルフだとこの時、確信しました。

…ライブ配信 73 回目…

（割愛！　すみません！）

▽「まずはあなたがハッピーじゃなきゃ」

　明川哲也氏の人生相談に対する回答が好きで、新聞の切り抜きを持ち出しました。自宅の配信スペースにて。

　2006 年 7 月 28 日付の朝日新聞の人生相談記事。人に気をつかいすぎて疲れる。堂々と生きていくにはどうすればいいかという相談です。「気をつかう性格なのであれば、それを徹底すればいい。芸術的なまでに気をつかう主婦・気づかいのプロ……。（中略）……あなたが苦しいのは、性格のせいではなく、その性格に問題があると思い込んでいるもう一人の自分が居るから。その自分と相談して、だったらどういう方向で気づかいを生かすべきなのか一歩前進して考え、仲直りの握手をしましょう。これが、自分にも気をつかうという行為。まずはあなたがハッピーじゃなきゃ」

　数名の方がご参加くださいました。

　不思議です。言われることはどこも最後は同じ。自分自身で在るということ。ありのままの私であるということ。その方法を皆、伝えているのです。

『詩とメルヘン』の世界を再現したい

学生の頃、『詩とメルヘン』という本を愛読していました。1973 年創刊、2003 年休刊。アンパンマンの作者の故やなせたかし氏監修で、一般公募の詩やイラストが掲載される文芸誌です。お題の絵に読者が詩を投稿するのです。その世界観が好きで、Instagram の世界でもそれを再現できないかと考えていました。

『月刊　詩とメルヘン』 ✕

（やなせたかし　編 / サンリオ / 画像は 1991 年 2 月号）
やなせのもとに集った人気イラストレーターと投稿詩とのコラボレーションを謳っていた。（ウィキペディア『詩とファンタジー』より）

家の配信スペースにて。数名の方がお越しになってその中でやりたいという方、他に、昔その本を読んでいたことを思い出したと仰る方もいて、大いに盛り上がりました。

※現在は残っておりませんが、私は Instagram 内で自作の詩を沢山掲載していました。このことがきっかけで絵を提供して頂き、その絵に詩をつけるという体験もさせて頂きました。同じ趣味の方々にも出会うことができました。

▽説明時の脳内イメージを変えてみる

　ライブ配信チャレンジでは、自分の身に起きた体験をシェアする時、ちゃんと説明できるか？　そんな不安が幾度となくありました。説明となると、途中から何が言いたいのか自分でわからなくなるのです。そして最後にはいつも慌てます (-_-;)

　しかし今回は、あることを長く話したにもかかわらず、参加者の方々から理解を得られました。

　配信が終わってふと、何故かと理由を考えてみました。そして漠然と気づいたこと。それは……。そういえば話が苦手と思い込んでいた時は、話しながら起承転結を意識していたことに気がつきました。

　話の構成を意識しすぎて緊張していたのです。

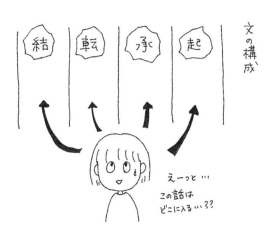

しかし今回は最初から最後まで行動を思い出し追体験するイメージで話していました。見た様子を中継して話す感じです。

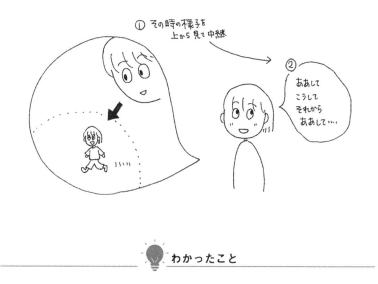

① その時の様子を上から見て中継

② ああして こうして それから ああして……

💡 わかったこと

　説明時の脳内イメージを変える工夫も、もしかしたらわかりやすく話すコツなのかもしれません。自分がコミュ障だと思っていた時は、特に形式に囚われていた気がします ((;'∀')

▽表現と評価はセット！ 怖がらないで

　75・76回目の頁で話しました、『詩とメルヘン』は、詩だけでなく、イラストの一般公募もあり、優秀作品は誌面デビューが決定されます。誌面で審査の様子がうかがえるのですが、素人目で見る限りでは素敵だと思う作品も、審査員によっては辛辣に却下されたりします……その頁を開きながら家の配信スペースにて話しました。

> 人の評価や意見は日によって変わります
> 人の評価や意見は環境によって変わります
> 人の評価や意見はあなたの外側にいる「その人」が
> 創り出している世界であってあなた自身とは関係がありません
> これを忘れないでください
>
> 　　　　　　『世界は自分で創る　下1』（ヒカルランド）より

　数名の参加者の方に「表現と評価はセットだから皆さん怖がらずに腹をくくって表現してみましょう！」とお伝えしました。ここで繋がっている方々は皆さん、そのことに取り組んでいる方ばかりです。

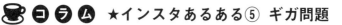

月末になると
配信映像が
とぎれとぎれ
止まったり

声がへんに
なったりする

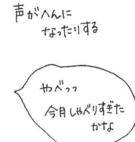

やべっっ
今月しゃべりすぎた
かな

▽朝の 10 分配信：ヘアドネーション

　長髪の YouTuber の男性に対し、早く切ればいいのにと思っていたら、ある日その方が坊主で登場。ヘアドネーション（様々な理由で頭髪を失った子どものためのウィッグを提供する活動）のためだったことが判明しました。

　崇高な試みを前に、自分の浅はかさを知り撃沈……。そんな話題を10 分配信でとりあげました。

　朝の 10 分配信は、初回はタイマーをセットして目の前に置いていたのですが、そうすると気持ちが焦るので、壁時計をちらちら見る方法に変えました。

　朝の忙しい時間帯にもかかわらず、いつも誰かしらが配信に来てくださいました。

 わかったこと

　皆さんの時間を奪ってしまっているという感覚が長いこと払拭できませんでしたが、段々と薄れつつあります。皆、ご自身を生きていらっしゃるのです。今こそ35回目の言葉「あなたは自分が思っている以上に他人の世界に影響を及ぼさない」その真意を正しく使いたいと思います。皆さん、自身の選択でこの時間を選んでくださっているのです。

…ライブ配信 80 回目…

（割愛します、すみません！）

…ライブ配信 81 回目…

▽ 漫画『鞄図書館』を紹介する

　社会人となってからは、漫画を読む機会は減りました。自分は年を取るのに、大好きな主人公は永遠に、変わらぬ姿で同じセリフを言い続ける……。その状況に時々凹むことがあるのは私だけでしょうか？
　今は専ら仕事や生活に役立つ本を手に取りがちです。しかし、心地よい気分であることを優先して楽しむことにフォーカスし始めた時、また子ども時代のように漫画が読みたくなってきました。

今回は自宅にて最近購入した漫画をご紹介。

『鞄図書館』
(芳崎せいむ　著／東京創元社)
あらゆる書物を所蔵するという、幻の〈鞄図書館〉。貸出期間は一年。使い込まれた風合いの小さな姿のその中に、無限の世界を秘めた喋る鞄と、トレンチコートに身を包み、寡黙に仕事に打ち込む司書。そんな二人でつくる〈鞄図書館〉が世界を巡り、出会った人たちと繰り広げる温かな交流。
(東京創元社ホームページより)

喋る鞄は、ゲーテの格言を折々で発します。その世界観が面白い。

数名の方がご参加くださいました。そしてこの配信をきっかけに、実際に購入される方もいらっしゃいました (^ ▽ ^)

▽友人の子育てサロンを手伝う話

　普段自転車を走らせていると、**配信できそうな場所がないか、無意識にチェックしている自分**がいます。自宅が無理な時、カフェが無理な時、河川敷が無理な時、どこなら配信ができるかを考えています。**生活の中にライブ配信が浸透しているようです。**

　そんな時、見つけました。ミスドのオープンテラス席です。そこは私が通る限り、殆ど使用されていないように見えます。交通量は少なく日陰もある。なかなか配信には適した場所です！　早速飲み物を注文して、ライブ配信を始めてみました。

　シングルマザーの友人が子育て中の親の居場所を作りたいと毎月サロンを開催することになりました。そこに自分も同行することになった。そんな話を少し。

▽珍しく夜に配信。思いを吐き出して涙

　私が配信する時間帯はいつも昼間です。夜は家族がいてできませんが、この日は 18:00 過ぎ、自宅にてライブ配信をスタートさせました。7 名程の方がいらして「こんな時間にどうしたの？」「珍しいね」とコメントが入ります。私は家でひとり、実はあることをボイコットした状態でした。携帯はテーブルに伏せ、真っ暗な画面です。

　『「言葉にできる」は武器になる。』(54 回目参照) の表紙に**「言葉にできない」ことは、「考えていない」のと同じ**というフレーズがあります。私は今、そのことが本当にそうだと痛感していました。今まで自分が耐えてやってきたことが、どうやら周りの誰にもわかってもらえていなかった。そんなことがあり、それを吐き出してみることにしたのです。「言わなきゃわかってもらえないんだ。大切なことは、ちゃんと言わなきゃ……」鼻水ズルズル。途中ティッシュを取りに外れました。今、晩御飯の用意中の方、食事中の方……、きっと忙しい時間帯のはずです。

わかったこと

　この配信の後、思いました。家族がいる時は配信ができない。だから夜はできない。昼間……。そもそもそこにも問題が隠されているように感じました。誰といても、どこにいても内側意識で話せるようになりたい。それは家族といても同じことです。配信で話せることは、家族にも話せないとおかしいわけです。家族のいぬ間を見計らって、こうして配信している自分がとても愚かに思えました。最も身近な人たちにこそ本音が言えないでどうするのでしょう。

この日、新たに決めました。いつか家族の横でだって堂々と配信できる
ようになると。今はコソコソ話しているけれど、きっとそんな自分になる
と。

　真っ暗闇の中に流れるコメントが、涙で読めませんでしたがこの時間、
無駄にはしません。

▽初の配信リレーは外で凍えながら

　季節は 12 月。その時の私は珍しく暇でした。そこで、親しくして
いる方（以下 K ちゃん）へ「ライブ配信しませんか？」とリクエス
トのDMを送ってみました。K ちゃんも普段ライブ配信をされる方で、
私はその方の配信が大好きで毎回お邪魔させてもらっていたのです。

　しかし数分経過するも既読にならず。やっぱり、いきなりは無理か

なと。だったら自分が配信しようかなとその後、自転車を走らせて先日発見したミスドのオープンテラスへ向かいました。

そして店の前に到着。いざ、配信を始めようとしたその時……Kちゃんがライブ配信をしてくれていることに気がつきました。あーーー!!どうやら私が自転車を漕いでいる間に、リクエストに応えてくれていたようです。

しまった。もう少し家で待っていればよかった!!　慌ててKちゃんのライブ配信を見始めました。

このメガネはどうかなー??

わ♡

やさしいKちゃんはリクエストに応えてくれて色んなエフェクトのメガネをかけてあそんでいた

ちなみに、ミスドに着いたはいいものの、店は年末休業中につき閉まっていて。引くに引けず。

ヒュー

ヒュー

もう少し待ってれば良かった…そしたら部屋で見れたのに…

家まで戻るには遠い。他の配信場所も思いつかない。

　しばらくその場でKちゃんの配信を見ていると「次は、ほたちゃんにバトンタッチします」と言われました。彼女が終わった瞬間に、こちらもライブ配信をスタート。

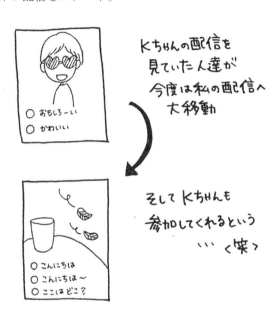

Kちゃんの配信を
見ていた人達が
今度は私の配信へ
大移動

そして Kちゃんも
参加してくれるという
　　　　ヽヽ〈笑〉

　しかしその時の私は、すでに手がかじかんで、携帯を持つ手が震えていました。「手、すごい震えてる、どうして？」「外??」とコメントが流れます。Kちゃんの話をずっと、ここで見ていました、と事の成り行きをKちゃんに説明すると、コメント欄では笑いが起きていました。

で、紹介したのは、にじいろ絵描き
てじまともこさんのポストカード作品。
とってもキレイなので皆さんにお見せしたくって

でも

ポストカードのファイルを
映したのだけど
手がふるえ

ポストカードを出したら
風で飛んでいった

　初めての配信リレー。相手の世界と自分の世界、バトンを渡される
ように画面が切り替わる。これは凄い！　それにしても、「ライブ配
信しませんか？」なんてこと、よく言えたものです。何度もＫちゃ
んと配信で関わって、配信が自分にとって普通のことになっていたの
かもしれません。そして私に応えてくれるＫちゃんは、もはや友達
なのでした。

スキップ編
85 回目〜 100 回目

Chapter
4

楽しもう。
ワクワクのエネルギーで。
心に従って配信してみる。

ありがとう

ソーサーさんから HSP を探す

　年末、実家に帰省中、外に出てベンチに座りライブ配信をスタートさせました。この時期、私の中である構想が芽生えていました。それは、**Happy ちゃんの朝のライブ配信に参加しているソーサーさんの中から HSP の方を探し出す**ことです（当時 Happy ちゃんは朝の Instagram のライブ配信でソースチャンネルと称し瞑想を実施）。ワクワクに従って生きること。その中でかつての私のように、**HSP という概念を知らず無理矢理楽しもうとしている人がいるんじゃないか？　その概念を知って救われる人たちがソーサーさんの中にいるんじゃないか？**　その思いが強く湧いていました。

　さぁ、一念発動です。恐怖が付きまといます。でも、バンジーしよう。世界は自分で創るのだから‼　エイ！

怖いけど勇気を出して
HAPPY ちゃんのライブ中
コメントを入れてみました。

すると、奇跡が起きました。

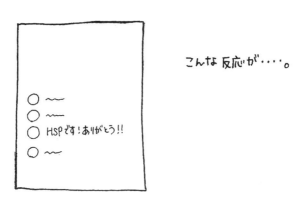

こんな反応が・・・。

○ 〜〜
○ 〜〜
○ HSPです！ありがとう!!
○ 〜〜

そして、この後、実際に繋がった方からご連絡を頂きました。

何を 思われるか
　　わからない

何て 批判 されるかも
　　　わからない

だけど
　　一石を 投じてみる　　　えいや

ドボン

¥7000

happy_official0904
HAPPY DJの
　ソースチャンネル

※インスタアカウント「happy_official0904」は現在削除されています。

☕ コ ラ ム ★ HSP という概念を知ることについて

　ある概念を自分に当てはめ、レッテルを貼ることで行動に制限がか
かるとしたら、それはただの足枷でしかありません。

　HSP という概念も一歩誤ればその方向へ向かう恐れがあります。
ですから正直、コメントを投げかける行為は恐怖でした。私の一言が、
誰かを苦しめることになるかもしれないからです。

　しかし、では何故私が Happy ちゃんの理論を実践中の方々に HSP
という概念をお伝えしたかったか、繋がりたいと思ったかというと、
それには理由があります。それは気分の良い選択が何より大切、その
ことをご存じの方々だと思ったからです。

　私の意見に左右される方々ではない。そう思ったから。その上で伝
えてみたかった。こんな概念がありますよと。

　私がお伝えしたいのは HSP という概念を知って、その概念に逃げ
ることではありません。むしろ逆です。もしも自分の特質に気づき、
救われる人がいるとしたら、その概念を自己肯定の材料として使う人
なのです。材料は使えば生かせます。さぁそこから、本当の意味での
自己表現が始まりますよということなのです。

　そして自分を心地よくさせるには、そうでない方に比べてもっとよ
り細やかなアプローチが必要であることに、どうか気づいてほしいと
思ったのです。

「もし、あなたが自分を限りなく心地よくさせることができると知ったなら
　人から気分よくさせてもらおうとか人が変わることを
　望むことはなくなるでしょう

　あなたの世界、パートナー、子どもをコントロールしなくてはならないと思う
　そんな不可能で厄介なことから解放されるでしょう
　あなたの現実を創っているのは
　あなたしかいないからです

　誰もあなたに代わって考えることはできないし
　それは誰にもできないのです
　あなただけができることなのです
　すべてがあなたにかかっているのです

　良い状態への流れは一方向しかありません
　それはピュアでポジティブなエネルギーの流れていく方向です

　私たちが知っている宇宙は豊かでしかあり得ないのです
　これがより良き状態の私たちの世界です
　それは究極的にバランスのとれた良き状態なのです

　あなたがその流れを最大限に許可すればあなたはとってもいい気分になり
　その流れがちょっと堰き止められればあなたの気分は良くなくなるのです

　良い状態への流れは一方向であって
　その流れをあなたが認めるか認めないか……
　ただそれだけなのです

　あなたの素晴らしい感情があなたの複雑な状態を教えてくれているのです
　あなたはこの流れを許容しているのか?
　それとも拒否しているのか?　を示してくれるのです」

『創造のプロセス』　バシャール

▼お茶の約束をして、
会うか会わないかはその時の気分次第！

自分が心地よく過ごすこと、自分のエネルギーの流れるままに過ごしてみること。それを誰かと実践してみたくなり、Instagram で繋がった方と試してみようということになりました。

その方は私にライブ配信の方法を教えてくださったり、お茶会に一緒に参加したりと色々お世話になっている方です（以下 H さん）。

H さんとお茶する約束をした時のこと。私はある提案をしました。「お茶する日にちだけ決めて、一旦お互いにそのことは忘れてみて、お互い、本気でそれぞれの今に集中してみませんか？　そして当日、もしその時の気分が、お茶したいということなら会う、その気分でなければ会わないということをしてみませんか？」

こんな提案をしてみたのは初めてです。私はワクワクした気分でした。

これは Happy ちゃんの理論を実践をしている者同士だからこそできることだと思いました。

ちなみに、これは私の特質ですが、人と長く一緒にいることが苦手です。H さんと参加したあるお茶会では、H さんにその旨をお伝えして自分なりの参加方法を試させてもらいました。

　それまでは、しんどくなっても、無理して最後までいなければいけないと思っていましたが、それをやめてみる実践です。

　ちなみに結局 H さんと約束していた日は、タイミングが適さず流れ、そのあとに絶妙なタイミングでお会いする機会がありました。

…ライブ配信 87 回目…

▽ HSP 専用アカウントを作成

　Happy ちゃんの『世界は自分で創る』メソッド。その実践をされている方の中から **HSP の方を探し出し繋がること。それが私の使命のようで自分の内側が探せ、探せと私を突き動かしてくる**のです。この正体は何でしょう？　自分でもわかりません。

　それで、もう自分に従うしかないので、その流れに沿って、HSP
についての記事を書いたり、何度か Happy ちゃんのソースチャンネ
ルで、「HSP の方繋がりましょう」とコメントさせて頂きました。
　そんな中、その意思に賛同してくださる方々が現れ始めました。
MH さんは、私が HSP 専用インスタアカウント作成に手間取ってい
た時、「私が作ってみましょうか？」と先にその場を作ってくださっ
たりしました。**同志が私の世界に現れ始めたのです。**
　そんな話を公園のベンチにて。
　そういえば、以前はベンチで話せなかったはずなのに。

▽子どもと本気でぶつかりました

　絶対にしてほしくないゲームを息子がしたいと言ってきました（詳細割愛・海外ゲーム）。私が許可を出さないと息子は「じゃあ、お父さんに言う」と引きません。さぁ、どうしましょう。ここで売り言葉に買い言葉では、本当の私ではありません。さぁ、『世界は自分で創る』の実践です。想像の中でなく、実際に目の前の子にもその視点で関わる練習だと思いました。丹田に意識を集中させて、自分に問いかけました。私が本当に言いたいことは？？　私は息子に言いました。
「お父さんに言ってもいいけど、もしお父さんが OK を出したら私はお父さんと離婚します」

　……驚きました。まさか、こんな言葉が自分から出てくるとは。
　その後息子は、この話を一切してこなくなりました（91 回目に続きます）。

▽台所配信。最強ふりかけ、作ります

　ライブ配信もいよいよ 90 回目前となり、このチャレンジのカウントダウンが始まりました。

　今日は何をしよう？　自分に問いかけたら**自分が楽しみたい、自分が笑いたい**。そんな思いが湧いてきて、丁度作ろうとしていたものを映したら面白いんじゃないかと台所でライブ配信をスタートさせました。

「仕事から帰ったら、食べるものが何もない時がある。そういう時は最強ふりかけがあったら良いなと思うんです！」

　そしてひたすらこれらをミキサーにかけました。出来上がったふりかけをアツアツのご飯の上に、納豆、大根おろしと一緒にかけて頂きました。

コメント欄では笑いが起きていました。

※緊張していないわけではありません。

▽友人のサロンでも『世界は自分で創る』!

　友人が子育てサロンの第1回を開催しました（82回目参照）。

　子育て中のママ同士が話せる場です。そこへ初参加した際、サロンの構想段階に関わったためか、いつの間にか自分が主催者側の役回りに入った雰囲気でした。でも、私は何かを主催するのはとても苦手なのです。参加しながら心はざわざわ。だけど本心を言えない友人なら、もはや必要ありません。

　そんな訳でちゃんと自分の気持ちを友人に伝えました。

　以前の私なら無理に引き受けてお腹を壊していたところですが、今はもう違います。**この範囲なら、私はやれる。この範囲はできない。意思表示をしなくては。私が私の操縦席に座って。**

　参加者は皆Happyちゃんを知らない方々です。その中で私は、**自分が今行っている実践を話してみよう**と思っています。Happyちゃんを知らない人たちに**『世界は自分で創る』その概念を話せるか?**新たなチャレンジです。それは、誰もが模索していることだから。色んな視点を出し合える場になることを願って、友人を応援し続けたいと思います。無理せず私ができることを。

🔻息子のゲーム阻止。その後の親子関係

88回目の続きです。ゲームがしたいという息子に本気でぶつかっ
たら、予想外のことですがその後、息子との関係が良好になりました。
どうやら私が本気で本音を伝えたことが、彼にとっては納得のいくも
のだったらしいのです。

そういえば私、子どもたちに本音でぶつかったことはなかったかも

しれません。いつも、親としての考えで関わってきたように思います。子どもは見抜いていたのかもしれません。お母さんの本音はどうなんだと。

わかったこと

　この辺で「親だから」という観念を手放したつもりです。だって本当の私は、子ども心満載なのだから。ライブ配信を幾度と重ねていくうちに、それが自分の願いであることに段々と気がつき始めていました。私は親である前に子どもの前でもっと自分を出していいのです。嫌なものは嫌なんだと言っていいのです。ライブ配信はそのことを思い出させてくれました。

…ライブ配信 92 回目…

▽本当はみんなに話しかけたかった！

　この日は何だかとても吹っ切れた気分でいました。今まで**自分の内側意識を見つめながら思っていることを出す練習をしていたのですが、なんだかそれがどうでもいいような、そんな気分になってきたの**です。なぜなら、これまでの配信では私は自分のことに集中して話をしていたのですが、本当は……。

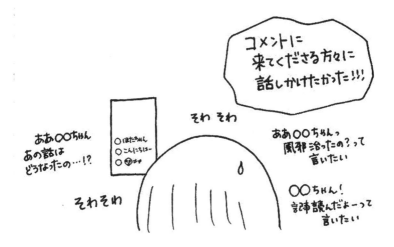

　実はその気持ちを無視して話していたのです。理由は

　①雑談が苦手なので自分から話しかけても上手く話を回す自信がない。

　②個別に語りかけては話についていけない他の人が気の毒。後でDMすれば済むことじゃないか。

　そんな思考があって、本当はおひとりおひとりに掛けたい言葉があるにもかかわらず蓋をして予定通り話を進めていたのです。

　ああなんて不器用。92回目の気づきがこれです。こんなこと、ライブ配信の初期段階でできる方、沢山いらっしゃることでしょう。むしろ、それを楽しんでいる方も多いことでしょう。**自分をコミュ障だと思っている間はテーマから話題がズレることが怖かったのです。**でも、そんな自分が急に「ははっ」と笑えてきました。

▽朝の３分配信：
Bluetooth イヤホンについて

　朝、思ったことを短く端的に話してみようと始めたのが朝の10
分配信でしたが、今回自宅で行ったのはさらに短い３分配信です。
「Bluetooth のイヤホンを購入し、それがとても使い勝手が良く便利で
す」とお見せする、ただそれだけの配信です。丁度繋がっている方々
の中で気になっている方が何人かいらしたようなので参考になればと
思って。

これまで、相手の時間を奪ってしまっているという感覚と格闘してきましたが、この3分配信は、その観念を払拭してくれました。

▽「ソースチャンネル」参加者と繋がって

HAPPY DJ のソースチャンネルにて「HSP の方いらっしゃいませんか？」と問いかけたところ、そこから繋がってくださった方々がいらっしゃいます。その方々に対してメッセージをするために HSP 専用のアカウント側でライブ配信を繋げてみました。

アカウントは目的によってフォロワーも変わるのでそれに応じて使い分けすると便利です。

今回は繋がってくださった方へのお礼をお伝えしました。また、HSP 専用アカウントでの記事内容についてもご説明いたしました（※

現在こちらのアカウントは休止中です）。

<補足>
　Happy ちゃんのライブ配信中にコメントを打ったのは瞑想が始まる前のお話をされているタイミングに数回。その節は失礼致しました。ただ、コメントは打ってもすぐに流れてしまう中、気づいてくださった方がいたことはある意味奇跡だったと思います。

…ライブ配信 95 回目…

▽朝の３分配信：『ブレない生き方』

　前々回、実施しました３分配信は我ながら面白い試みだと思いました。３分間スピーチのような。プレゼンのような感覚です。もしもこんなことが、時間の限られた朝に日課としてあったなら、それこそ話す訓練になりそうです。
　今回は出勤前に本の一節をご紹介し、気合を入れようと思いました。

『ブレない生き方』

（齋藤孝　著／光文社）
本書で取り上げる12人は、「ブレない自分」を確立し大きな仕事を成し遂げた偉人たち。個人の成功だけでなく、周囲をも活性化した彼らの生き方から、混迷の時代を生きるワザと心得を学ぶ「齋藤孝流」偉人伝。（カバー裏より）

> 　左遷につぐ左遷、上司から冷遇された西郷隆盛の言葉
> 「人を相手にせず、天を相手にせよ」

　この本を2ページほど読み出勤しました。格好いい。私もそうありたい‼　いや、自分だってできる！　この3分は自分に気合を入れるアファメーション的役割も果たすようです。

出勤前の10分配信
↓
3分配信
つまり　やっぱり
出勤前は　時間がない

"ぴー"

遅刻する〜

ついつい喋りすぎた日は
自転車　とばしてました

▽タイミングの合う方と楽しみたい

　自分がお茶しているタイミングで、繋がっているどなたかも同じように休憩中だったらいいな。たまたま、タイミングの合う方と一緒にお茶する感覚になりたい。そう思っていた時、注文していた本が届きました。懐かしい本です。早速お茶しながら、自宅の配信スペースに腰をおろしました。

『「風の谷のナウシカ」より　巨神兵を倒せ!』

（下村家恵子　編著 / 徳間書店）
かつて文明を滅ぼした、恐怖の生体兵器巨神兵。その復活を企てる王国―トルメキア。地上を再び地獄の業火にさらしてはならない!　風の谷の娘、ナウシカは巨神兵の復活を阻止すべく旅立つ!　待望のゲームブック!!（中扉より）

　ゲームブックとは、読者の選択によってストーリーの展開と結末が変わるゲーム本です。
　なんでしょう、このワクワクした気分は。
　完全に楽しむことに意識がフォーカスされています。
　子どもの頃、買えなかった本のことがふと浮かんだり、楽しかった映画のことを思い出したり。次々と記憶が蘇っています。

ボリ
ボリ

かりんとう

小学生の時、本屋さんで立ち読みして
記憶に残っていた
『風の谷のナウシカのゲームブック』が
突然 読みたくなって買い、
お見せしました。
当時の記憶にはありませんでしたが
サイコロが必要らしく……
さすがにそれは面倒だったので
振ったつもりで適当に進みました。
そんな話を かりんとうを食べながら。

…ライブ配信 97 回目…

（割愛！　すみません！）

さぁ　ライブ配信
100回 チャレンジ 残り3回!!

何しよう？　そう考えた時
　おもいっきり皆さんと 楽しみたい!!
　そう思ったら 色んな コンビニ、スーパーを
　　はしごしてました。
私は いったい 何を 買いに行ったのでしょう

　　　　　　　次ページへ　続く ────→
　　　　　　　　　　　　GO!!

▽やりたいことをアホになってやってみよう！

　スーパー、コンビニをはしごして GET したのは、大量のかりんとうです。

　私、かりんとうが大好きなのです。店頭に売られている様々なかりんとうを……一度食べ比べしてみたいと思っていたのです。味に違いはあるのかな？　やりたいを叶える配信です。先頭切ってアホになりますよ！

おっ、これは
軽い感じの味だー
こっちは濃い〜

びみょうに
ちがうー！

コメント欄で笑いが
起こる
『ギャハハハ あほやー』
『お茶も飲んで一』
『😂😂😂』

ふうー満足

皆さん私は
やりきりましたよ

全てを制覇

これで明日死ぬとしても
この食べたらたいという
後悔は残っていないでしょう

・・・そして
この配信の後

ほたちゃん〜．
私も買ってみたよ〜

Kさんがまさかの
私よりデカイかりんとうを
食べていた

負けた!!!
www

なんだ その特大の かりんとうは!!

手間取っては 申し訳ないと
焦って ビリビリ 開けたんだけど

はい次,

はい
次っ

ビリ

ビリ

"破り方が
意外と がさつ
なんだね"って コメントがきて
「いつもは ちゃんと 開けるのよ 」って

▽ 『坂本ですが？』を読んでお腹を抱えて笑う

　前回かりんとうをボリボリ食べまくって、兎に角それが楽しくておかしくて。実は、その時の配信は 39 回目ご登場の J さんから YouTube への保存のご要望があったのですが、さすがにその勇気はありませんでした。後に残ると思ったらできないことだったかもしれません (;´∀｀)

　さぁ、残り 2 回。私は何がしたい？　自分に問いかけたら、「笑えることがしたい」しか出てきません。あれ？　私真面目人間だったはずなのに。いえ、勿論それだけではありませんでした。笑える私だっ

て、元々かなりの割合を占めているのです。そこで、自分的にツボの
漫画を取り出しました。

『坂本ですが?』
(佐野菜見 /KADOKAWA)
クール、クーラー、クーレスト高校生の登場! (KADOKAWA
公式サイトより)

スーパー高校生坂本君の奇怪な動きをいくつかご紹介しました。

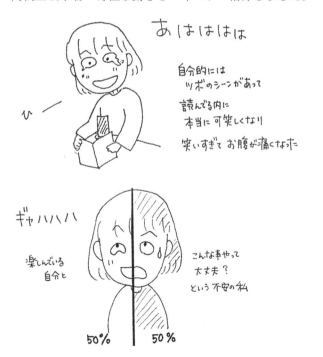

数名の参加者の方々の笑う絵文字が流れました。皆さん、どんな状況でご覧くださっていたのでしょう。今となってはわかりませんが、何人もの方々が、幾度もご参加くださいました。その人たちと笑って終わりを迎えられたら、もうそれ以上のいい結果はないような気がしていました。

…ライブ配信 100 回目…

▽最終回！ マシュマロを焼く

　最終回は、今まで何度も足を運んだ河川敷で、感想を話しながら総まとめ的な感じで皆さんに感謝をお伝えしよう……。その予定でいたのに。最後「今、やりたいことは？」とその瞬間、心に問うてみたら内側からこんな答えが返ってきました。「マシュマロを焼きたい」。へっ？？？　マシュマロ??　嘘でしょう??

　私、インドア派なもので、BBQ が苦手です。だからやったことがなかったのですが、もしも可能ならマシュマロを焼きたい。そんな願いが湧いてきました。でもまさか、そんな。記念すべきラストにそれは……、と否定がわいてきます。この場合こちらが二念です、もうわかりますよ。私。ならばその願いを叶える瞬間を最後にお届けしよう。私はカセットコンロを取り出しました。

Xmasに KALDI で買った
サンタさんの マシュマロが あったので
それを 使うことにしました

サンタを 焼くって どうなん ??
キリスト信者に 批判されそうで 怖いやん
でも そこまでの 意味は 無いし

これしか 今ないので
賞味期限も 近いので
使っちゃいます

なるべく顔は 後ろに向けます

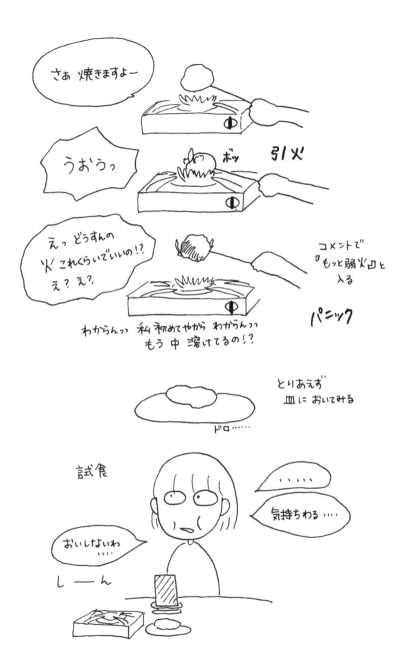

コメント欄では実際にご経験のある方から「もっと焼いた方がいい」「火が近すぎる」などのアドバイスが流れていました。でも、私にそれを見る余裕はありません。焼いたマシュマロは、想像とは違いました。

　もっとおいしいのかと思っていた。だけどそうじゃなかった。気持ち悪かった（私の焼き方が間違っていたのかもしれないけど）。

　配信を終えて、一息ついたとき、思いました。実際に体験するとは、こういうことだと。

♡ 100回チャレンジでわかったこと

　ライブ配信100回チャレンジにお付き合い頂きましてありがとうございました。約半年で目標を達成しました。

　この半年間、心の声を言葉にする訓練に没頭してわかったこと。以下は個人的な気づきであり、人によって感じ方は異なるかもしれませんが、気分の良い内容のみ抽出して頂けたらと思います。

インスタライブ配信は内側意識で話す最強の訓練ツール

　どこにいても誰といても内側意識で話せるようになりたい。それが、最初の望みでした。人前に立つと緊張し、話せなかった自分を変えたかった。そこでライブ配信という手段を選択しました。

　ライブ配信の利点は、何といっても、携帯さえあれば時間も場所も選ばず、話したい時、話したい分だけ自分の意志で、自分主体で話すことができること。そして自分の外側意識を猛烈に体感できることです。

　貴方がもし、ライブ配信にチャレンジしようとされているなら、ぜひ開始してみてください。きっとそのことを実感することになるでしょう。

　配信中は共同配信でない限り、自分ひとりで話します。音声として返答があるわけではありません。参加者がコメントを打てる状況ではなかったり、また打ってもらえたとしても、こちらが真意を読み取るのに悩む場合もあります。相手のお顔も、声もわからない。自分の話す内容をどのように受け取られるかは、相手に委ねるしかありません。

　私はそのことで、ハイハイ編では怖気づいていました。ですが続け

ているうちに、少しずつ、相手中心ではなく、自分が操縦席に座り自分が何にフォーカスし、何を口にしているか、内側に意識が向き始めます。お相手はゆっくり話を聞ける状況でない場合も多いのです。忙しい中、用事している最中、参加してくださる場合がほとんど。ですから相手の状況を考えていてはきりがないのです。それを踏まえたうえで、自分のタイミングで発言が始まるわけです。

　ライブ配信で内側の言葉を、外側へ変換する度に、自分の見たい世界が徐々にわかってきて、現実の目の前で起きていることに対しても少しずつ意見が言えるようになっていました。これは、改めて"癖"なのだと思いました。「内側の言葉を外側の言葉へ変換する」その癖付けができれば、現実は動き始めます。言葉には力があるからです。

　ライブ配信の利点はお相手の視線を感じずに話す練習ができることも特徴です。目の前に人がいないので、視線の圧力を受けることがありません。

　以前、私は話し方教室に通っていたとき、初期段階で大勢の前で自己紹介をさせられて、やめてしまった経験があります。ハードルが高すぎたのです。その意味でも目隠しして話したい派の私にとっては、適した練習場であったと感じます。

頭の中を変え、ソースの意識で話す

　目の前の人の視線による圧力を受けない。その状況で話せるとなった時、本編では記載しませんでしたが、Happyちゃんが提示されたバシャール、エイブラハムの言葉を思い出しました。

　我々には二つの意識が存在していて、ソースの意識が95％、肉体を持つ人間の意識が5％であること。ソースの意識が肉体へ流れ込んでいて、今自分が「これがすべてだ」と思って知覚している世界は、

ごくわずかだということ。そのことを思い出した時、だったら目の前の人が見えなくてもいいのだと思いました。だって、見えたところで５％なのですから！(;・∀・)　その視点に立った時、私は現実の目の前で、対面する人たちへの見方も少しずつ変わり始めました。目に見えるお相手の、体、視線、その奥にはその方の母体であるソースの意識がある。だったらもっと、広い視野でお相手を見よう。そんな風にも思えてきたのです。

　ライブ配信の画面で、私は顔は出しませんでした。コメントに参加くださる方のお顔も見えません。ある意味、好都合です。その中で、ソースの視点に立って話す。それは自分の中で感情として送られるサインを話すことでもありました。すると、どんどん、自分の内側と繋がっていく感覚を体感することができました。

本当の自分を思い出す。子どもの頃のパワーを取り戻す

　子どもの頃の私は、パワーに満ちあふれていました。元々人に気をつかう性格ではありましたが、それを悪いだなんて思ったためしはありません。それなのに、大人になるにつれそこにダメ出しが入り始めたのは勿体ないことです。

　それはこの世界の常識、周りの反応に自分が反応し始めたためです。外側を意識し始めた時から、私の操縦席は他者に乗っ取られがちになりました。しかしライブ配信を開始して内側の声を観察し声に出し始めたとき、抑えつけていたもうひとりの自分が声を発し始めました。子どもの頃の快活なパワーが戻り始めたのです。それは、この半年間、声を発する訓練と同時に一念の行動を形にし続けた結果だと思います。

一念の行動は固定観念のループを脱却する

　人の思考の９割は昨日と同じことを考えていると言われています。そのことを知った時、毎日、新しい思考を取り入れるべきだと思いました。何故なら人は目の前の世界を観念で見ているから。人は世界を自分が見たいように見ている。『世界は自分で創る』その言葉を聞いた時、まず自分の固定観念を打破する必要があると思いました。観念がある間はその観念の中でしか世界を見ていないからです。

　そんなわけで、ライブ配信チャレンジと並行して、一念（最初の思考）を叶える行動を起こし続けました。それがひとりカラオケであったり、フラメンコの練習を放棄して舞台にあがったり等。今まではあり得ないと思っていたことを形にしていく作業でした。それまで常識と思っていた世界が瓦解していく度、翌日、あり得なかったそれらがあり得る世界になっていきました。

　習慣化していた「こうあるべき思考」のループからはずれると、脳の回路に新たな視点・思考のルートが作られます。脳には可塑性（変化する）があり、私自身の発想も転換していきました。今までは思いもしなかったことに急に思い至ったり、誰かの行動を見ても以前より気にならなかったり。

　Happy ちゃんの言葉「バンジーしても死なない。必ず着地できる」それは本当でした。そして、その着地場所には、世界を創る新たな鍵が置かれてあるのです。

HSP という概念について

　この三次元世界の地球では　人類は多種多様な精神性を追究し、その特質に名を与えてきました。ADHD、HSP、エンパス、自閉症等々。

その解析された概念は先人の努力の結晶・叡智だと思います。

その概念自体は問題ではないことは今ならわかります。

その傾向が自分に在ると認めたなら、それはこの地球で割り出されたタイプ別アドバイス。納得する面は参考に。しかし、私の場合はそこにHappyちゃんのアドバイスを取り入れたことで道が開けました。

ソースの意識。ハイヤーセルフに問いかけ、本当の自分と繋がる時、実はその特質だけではない自分を私たちははっきりと自覚することになります。人前で話すことが苦手と言いながら今回のチャレンジが達成できた自分がいるように、私たちの意識の全てを人類はまだ、解明し切れてはいません。

ただ、内側と繋がり直感に従い自我の計算式（こうすれば上手くいく、こうした結果こうなるだろう等の、脳内ではじき出す答え）を捨てた生きかたを選択した時、『世界は自分で創る』この概念が証明されるのだと思います。その新たな視点・実践はきっと、自分が認めた自身の特質以上の性質を引き出し、発見していくことになるでしょう。

私は先人が解析した特質にさらに解析を加えていこうと思います。

【FAQ】HSP は人前で話せませんか？

回答：いいえ、むしろお喋りです。

人一倍敏感で、心の中では様々な葛藤が繰り広げられているHSP。その状況をもしも声にしてみたなら、話すことは山のようにあることでしょう。

内側と繋がる。それができればHSPだって話せます。それはHSPであってもなくても関係がないからです。

「ありのままの自分で話す練習をする」そう決意した時、私は聞いてもらう対象を絞りました。その基準は、Happyちゃんを知っていて

自らもその実践を行っている方々であることでした。

　電波が悪く何度もアクセスしなおす、そんな状況の時、ご参加くださる方々から「今、大丈夫」「ゆっくり練習してみて」とエールを頂くことが度々ありました。自分がしようとしていることをわかってもらえている安心感は、このチャレンジをやり遂げるうえで大きな支えであったことは間違いありません。

　誰でもいいわけではなかった。終わってからそのことを強く実感しました。一度でも批判のコメントを頂戴したら、私は怖気づいて、配信をやめてしまっていたかもしれません。ですが、100回を終えた今は、批判に屈することはないでしょう。

　この世界は表裏一体であること。

　この世界には発すれば受け止めてくださる方がいることを、体感したのですから。

　努力し続けるのをやめて、ありのままの自分でいることが許された経験をすれば、自尊心を取り戻せます。基準を下げることで、豊かな人間関係を築けるようになるでしょう。

＊長年、デンマークで多くの HSP をカウンセリングし、自身も HSP である著者より

『鈍感な世界に生きる敏感な人たち』
（イルセ・サン　著、枇谷玲子　訳 / ディスカヴァー・トゥエンティワン）

　いつしか冷汗は笑いに代わり、思い出したのは本当の自分と、もうひとつは予想外。友達の作り方でした。

○ライブ配信 100 回チャレンジ　その後

　携帯の前で話す訓練を終えた時、さぁ、これからどうしよう。一息入れようかな、そう思っていた矢先、ふと新たな一念が湧いてきました。
「100 回チャレンジの後は、今度は 100 人の人に会ってみる」

　そんな訳で、その望みを叶えるために動き始めました。Happy ちゃんの呼びかけにより、全国各地でソーサー会が開催され始め、そこへ自分も参加することにしたのです。

　携帯の画面に語り掛けていた今までとは訳が違います。今度は実際に目の前の人と向き合い、視線を感じ、表情を感じるわけです。恐怖としていたその体験を今度は克服できるでしょうか。

　私はひとりが好きです。誰とも会わず、珈琲と本さえあればそれで心地よい。だからあえて緊張する体験を自分に課さなくてもよさそうなものです。「あなたが良い気分でいること以上に大切なことは何もない」のだとしたら、家に籠っていればいいのですから。ですが、私は気づいてしまった。誰といても、どこにいても内側意識で存在できる。そんな未来があるとしたら。それは、最高に心地の良い状態だろうとわかってしまったから。だから、そこを目指したい。

　ソーサー会では自己紹介時は特に緊張します。視線が私に集中する瞬間は手が震え、動悸が止まりませんが、「この状態が外側意識だな。内側からずれているな」という感覚を今、人前でつかんでいるところです。そんな時はまた、ライブ配信で学んだことを思い出しています。外側の反応を観察するのではなく、自分の内側を観察するのです。

　どこかで、もしお会いすることがありましたら、その時は宜しくお願いします(´ 艸 ｀)

あとがき〈自費出版 ver.〉

　今回の試みの最中、繋がった沢山の方々が心に従う実践をシェアしてくださいました。ある方はさとう式リンパケアの資格を取り、手作りの看板を配信で見せてくれたり、ある方はご自分のサロンを開催したいと実現までの過程を見せてくれたり、カードリーディングを始めた人、花の写真を撮る人、初めての配信にチャレンジする人等、沢山の方々の転機に居合わせることができました。1年前の自分には想像もつかなかったことです。改めて各々が人生の主人公であることを感じずにはおれません。

　人は生まれる前に、人生のシナリオを選んでいるとは本当でしょうか？　私にはわかりません。しかしもし、そうだとしたら、今からは自分に組み込まれた特質を攻略すること、それそのものを楽しむ人生を私は選択します。それは私「なんか」ではなく、私「だから」できること。私にしかない選択だからです。

　最後に。今回、配信初日から100回分を振り返る中で、当時の心境を思い起こし、この言葉をご紹介して終わりたいと思います。

**　我々は探求をやめてはならない。そして、我々のすべての探求の最後は、はじめにいた場所に戻ることであり、その場所を初めて知ることである。**
トーマス・エリオット（イギリスの詩人）

　ライブ配信開始のボタンを押し逃げしたあの日の私に言いたい。素晴らしい出逢いがあなたを待っているよと。今、隣に私のような人がいらしたら、その指に手を添えたい。開始のボタンを押してみよう！と。

2019 年 12 月 1 日

あとがき 〈ヒカルランド刊 ver.〉

　いつもの仕事を終え、ロッカールームで着替えていた時のこと。

　ふと目にした携帯の着信履歴に、全身が震えだし、思わずしゃがみ込みました。

　自費出版の本を、私は多くの方に知って頂きたいと、ある出版社へ手紙を添え送っていたのです。

　"ヒカルランド"代表石井様から「協力したい」、その言葉を受け取ったのは、2019年12月25日クリスマスのことでした。

　今もしも、「サンタクロースって本当にいるんでしょうか？」と聞かれたら私は迷わずYesと答えるでしょう。チャレンジの先には想像もつかない贈り物が待っていました。

「人前で話せるようになりたい」その一念で始まった今回の試みは、その後の1年で様々な出逢いと体験をもたらしてくれました。この物語の続編は、Instagramにて発信しております。ぜひ貴方とも繋がれますように。

　この度、出版に際しご尽力頂きましたヒカルランド代表石井健資様、編集の溝口立太様、山田よしみ様、デザイナー設樂みな子様、人類意識研究家Happyちゃんこと竹腰紗智様、そして赤ちゃんを抱きながら編集作業をしてくれた妹、咲子へ心からの感謝を。ありがとうございました。

編集後記

　keiko_hotaruboshi さんは私の実姉にあたります。最初、「本を出版したい」と話を受けた時は「何を言っているのかワカラナイ」状態でしたが、出版までこぎつけた今、彼女の言いたかったことが少し理解できるようになりました。

　昔から傍から見ると気配りができて誰からも愛される姉が、人知れず悩んでいたなんて！　まったく知りませんでした。

　姉は、この短い期間に Instagram を通して沢山の出会いを得て、良い変化があったようです。毎日が楽しそうな彼女を見ていると、妹として嬉しく思います。また関わってくださる皆様に感謝です。

　同じように人知れず悩みを抱えている方がこの本を通して何かの気づきを得られたら。編集・装丁で関わった身として、これ以上に嬉しいことはありません。

　姉はすでに新しい目標ができているようです。親族として陰ながら応援していこうと思っていますが、さて。続編はあるのでしょうか？

sakiko_hotaruboshi

Special Thanks

@ asapyom7777

@ blue_kuu95

@ bentarouyade

@ emi_1213_

@ galaxypinktemple

@ hiro.ko_fuku

@ hirorin.8008

@ hitomi.go701

@ itsumicchi

@ jun_mama33

@ kaloy43123

@ kanahachiya

@ kyoko108108

@ mihopyon_yuyu

@ mitsuru_88

@ mizuho.happylove

@ 1.my.mii.17

@ _maki09_

@ _ma_r_o

@ omoigakasanaru_card

@ sakurako_1227

@ shihoko.5kk

@keiko_hotaruboshi

　1979年生まれ。幼少期より明るい性格ではあったが大人になるにつれ気疲れが異常だと実感。HSPという概念・Happyちゃんの自分と繋がる方法を知ったことがきっかけで少しずつ本当の自分を思い出していく。2018年夏よりInstagramを開始。現在も心に従う実践を続けている。この本に対するご感想はInstagram内、メッセージまで♡

敏感で生きづらい…
HSPが『世界は自分で創る』始めました！
《ライブ配信100回チャレンジ》が教えてくれた心の声

第一刷　2020年6月30日

著　者　@keiko_hotaruboshi

発行人　石井健資
発行所　株式会社ヒカルランド
　　　　〒162-0821　東京都新宿区津久戸町3-11　TH1ビル6F
　　　　電話 03-6265-0852　　ファックス 03-6265-0853
　　　　http://www.hikaruland.co.jp　　info@hikaruland.co.jp
　　　　為替 00180-8-496587

本文・カバー・製本 —— 中央精版印刷株式会社
DTP —— 株式会社キャップス
編集担当 —— 山田よしみ／溝口立太

世界は自分で創る〈上〉
思考が現実化していく185日の全記録
著者：Happy
四六ソフト　本体 1,620円+税

ゼロからスタートし、リアルタイムに引き寄せの法則を実践・報告し続けた"引き寄せブログランキング1位"1日2万アクセスの超人気ブログ「世界は自分で創る」が半年で書籍化へ!!　2014年3月のブログ開設をきっかけにセミナー開催、会社立ち上げ……そして念願だった出版まで。一体彼女に何が起きたのか!?　そう、"いつだって人生はあなたを基盤に変えられます"。この本は、成功者でもなんでもない"普通"の人が"普通"の感覚で綴った唯一の自己啓発書です──。自分の思考を変えたら本当に現実は変わるの？　人生なんてこんなもの、夢なんて叶わない……"こんな思い込み"を持っていませんか？　見方・感じ方を変えれば必ず世界は変わります。Happy流"日本人向けの引き寄せの法則"で「望む世界を意図的に創り出す」コツをあなたもきっとつかめるようになります♪

世界は自分で創る 下①
201407-201512
「引き寄せる」から「自分の心を生きる」へ
著者：世界は自分で創る
四六ソフト　本体1,851円+税

脚本家／吉本坂46 旺季志ずか氏推薦「芸能人でもない普通の女の子が起こした驚愕の奇跡。彼女がしたのは「自分で在る」だけ。ブロガーHappyが消える前に残した意識のトリセツ！」「引き寄せる」から「自分の心を生きる」へ。Happyちゃんがヒカルランドに帰ってきた！『世界は自分で創る 上』出版から4年……待望の下巻がついに出版！　開設からわずか2年で1日20万（月間400万）アクセスを記録した伝説の超人気ブロガーのメソッド、"自分が望む世界を自分で現実化していく"プロセスを、順を追ってわかりやすく理解することができます。あなたも自分の好きな世界を創りませんか？◎エイブラハムの引き寄せの法則をHappy流にわかりやすく説明 ◎「未来日記」を徹底解説！ ◎Happyちゃんはなぜ世界を自分で創ろうと思ったのか？ ◎「引き寄せ」で願いが叶ったら幸せなのか？　本当の幸せって？ ◎「サザエさん症候群」から「お花畑症候群」へ……etc.

世界は自分で創る 下②
201601-201704
「自我・思考」主導から「真我・ハート」主導へ
著者：世界は自分で創る
四六ソフト　本体1,851円+税

ファッションデザイナー／作家 LICA 氏推薦「《変化とは安定》Happy ちゃんの変化していく姿は、まるで現実創造のリアルタイフーンでした！　勢いのある台風の後は沢山の花々が咲くきっとあなたのハートに響きます☆」空間演出家／写真家 FUMITO 氏推薦「毎瞬の心の声こそが私の行く道！　Happy な意識感覚を探求し、実証を重ねたブログです」もっと微細にもっと直観的に……自分の「心」の声に従いながら、Happy ちゃんの現実創造はますますダイナミックに！　劇的に変わりゆくその過程を惜しみなく読者や参加者とシェア、伝説の超人気ブログ待望の書籍化、下巻第二弾！　現実創造の度合いがますます加速し、さらに意識開花していく過程や方法を知ることができる濃い内容に◎自分の機嫌は自分でとる◎始まりは「1日5分間の天国創り」◎あなたが幸せを感じられないのは"四六時中責め立て彼氏"のせいじゃありませんか？◎"無価値感"の取り扱い方◎宇宙マネジメント・宇宙経営。「心」で生きる働き方◎ソース（源）は常に私に対して高い評価しかしない……etc.

地上の星☆ヒカルランド　銀河より届く愛と叡智の宅配便

世界は自分で創る　下③
201705-201812
「分離・無価値感」から「統合・the ONE」へ
著者：世界は自分で創る
四六ソフト　本体 1,851円+税

「自分の愛し方を忘れてしまった人たちへ送る１冊。自分が何者かを思い出せ！」
(by Sachi。）Happy ちゃんが手にした真の幸せ、真の成功とは？　これで完結、
Good bye & Thank you Happy! ＝ Happy から Sachi。／竹腰紗智への第二幕プ
ロローグ。どうやって望む現実世界を創りだしていくか？　その問いかけに応
えるべく日々探求を積み重ねリアルタイムで活動状況を報告してきた Happy
ちゃんが、たどり着いた喜びの意識の世界──。「HAPPY という存在を通じ、
５年かけてわたしは自分で産み出した幻想から自分を救い出してあげることに
成功しました」(本文より)。なんにも怖くない、どう思われるかもない、ただ
ただ“今この瞬間”の境地に繋がる、そこに至るディープなプロセスを実体験
とともに分かりやすく、あるがままリアルに伝えています。自分の「心」に耳
を傾け大切にして生きたら……“あの世”とのパイプがいよいよ太くなり、ア
センデッドマスターたちに動かされるように！　陰と陽、男性性と女性性、火
と水、天と地の統合に向かっていく激動の日々をリアルタイムでシェアした伝
説の超人気ブログ待望の書籍化、その最終下巻第三弾!!

みらくる出帆社ヒカルランドが
心を込めて贈るコーヒーのお店

予約制

ITTERU COFFEE
イッテル珈琲

絶賛焙煎中！

コーヒーウェーブの究極の GOAL
神楽坂とっておきのイベントコーヒーのお店
世界最高峰の優良生豆が勢ぞろい

今あなたがこの場で豆を選び
自分で焙煎（ばいせん）して自分で挽（ひ）いて自分で淹（い）れる

もうこれ以上はない最高の旨さと楽しさ！

あなたは今ここから
最高の珈琲 ENJOY マイスターになります！

《予約はこちら！》

●イッテル珈琲
　http://www.itterucoffee.com/
　（ご予約フォームへのリンクあり）

●お電話でのご予約　03-5225-2671

イッテル珈琲
〒162-0825　東京都新宿区神楽坂 3-6-22　THE ROOM 4 F

みらくる出帆社
ヒカルランドの

ITTERU
BOOKS
イッテル本屋

高次元営業中！

あの本
この本
ここに来れば
全部ある

ワクワク・ドキドキ・ハラハラが
無限大∞の8コーナー

ITTERU 本屋
〒162-0805　東京都新宿区矢来町111番地　サンドール神楽坂ビル3F
1F／2F　神楽坂ヒカルランドみらくる
地下鉄東西線神楽坂駅2番出口より徒歩2分
TEL：03-5579-8948

神楽坂ヒカルランド みらくる Shopping & Healing

神楽坂《みらくる波動》宣言！

神楽坂ヒカルランド「みらくる Shopping & Healing」では、触覚、聴覚、視覚、嗅（きゅう）覚、味覚の五感を研ぎすませることで、健康なシックスセンスの波動へとあなたを導く、これまでにないホリスティックなセルフヒーリングのサロンを目指しています。ヒーリングは総合芸術です。あなたも一緒にヒーリングアーティストになっていきましょう。

★ TimeWaver
タ イ ム ウ エ イ バ ー

時間も空間も越えて、先の可能性が見える！
多次元量子フィールドへアクセス、新たな未来で成功していく指針を導きだします。

空間と時間を超越したヒーリングマシン「TimeWaver」は、抱えている問題に対して、瞬時に最適な指針を導き出します。タイムマシンの原理を応用し12次元レベルから見た情報を分析。肉体的なレベルだけではなく、チャクラや経絡、カルマ、DNA、遺伝的な要因など広い範囲にわたる情報フィールドにアクセスし、問題の原因を見つけます。「目標に対しての戦略エネルギー」、「ご自身や周りにいる人々のマインドエネルギー」などを分析し、最も効率よく最大限の成功へと導く道標を示し、さらに時空からその成功をサポート。すごい時代になりました！

初回　60分／35,000円　　2回目以降　60分／25,000円

ご来店

事前にご自身がお一人で写っている顔写真の画像と、生年月日などのデータをお送りいただきます。特に体に何かつける、横になるなどはなく、オペレーターと画面を見ながらセッションを進めていきます。

遠隔セッション

TimeWaver がアクセスするのは、量子フィールド。お一人で写っているご自身の顔写真と生年月日などの情報があれば、アプリや、お電話などでの遠隔セッションが可能です。プライベートなお話のできる静かな場所で、椅子などにゆっくり座りながらお受けください。

★《AWG》癒しと回復「血液ハピハピ」の周波数

生命の基板にして英知の起源でもあるソマチッドがよろこびはじける周波数を
カラダに入れることで、あなたの免疫力回復のプロセスが超加速します！

世界12ヵ国で特許、厚生労働省認可！ 日米の医師＆科学者が25年の歳月をかけて、
ありとあらゆる疾患に効果がある周波数を特定、治療用に開発された段階的波動発生
装置です！ 神楽坂ヒカルランドみらくるでは、まずはあなたのカラダの全体環境を
整えること！ ここに特化・集中した《多機能対応メニュー》を用意しました。

A．血液ハピハピ＆毒素バイバイコース
　　（AWG コード003・204）　60分／8,000円
B．免疫 POWER UP　バリバリコース
　　（AWG コード012・305）　60分／8,000円
C．血液ハピハピ＆毒素バイバイ＆免疫 POWER UP
　　バリバリコース　120分／16,000円
D．水素吸入器「ハイドロブレス」併用コース
　　60分／12,000円

※180分／24,000円のコースもあります。
※妊娠中・ペースメーカーご使用の方
にはご案内できません。

E．脳力解放「ブレインオン」併用コース　60分／12,000円
F．AWG プレミアムコース　9回／55,000円　60分／8,000円×9回
　　　　　　　　　　　　※その都度のお支払いもできます。

AWGプレミアムメニュー

1つのコースを一日1コースずつ、9回通っていただき、順番に受けることで身
体全体を整えるコースです。2週間〜1か月に一度、通っていただくことをおす
すめします。
①血液ハピハピ＆毒素バイバイコース　②免疫 POWER UP バリバリコース
③お腹元気コース　　　　　　　　　　④身体中サラサラコース
⑤毒素やっつけコース　　　　　　　　⑥老廃物サヨナラコース

★音響免疫チェア《羊水の響き》

脊髄に羊水の音を響かせて、アンチエイジング！
基礎体温1℃アップで体調不良を吹き飛ばす！
細胞を活性化し、血管の若返りをはかりましょう！

特許1000以上、天才・西堀貞夫氏がその発明人生の中で最も心血を注ぎ込んでいる
のがこの音響免疫チェア。その夢は世界中のシアターにこの椅子を設置して、エン
ターテインメントの中であらゆる病い／不調を一掃すること。椅子に内蔵されたストロ
ー状のファイバーが、羊水の中で胎児が音を聞くのと同じ
状態をつくりだすのです！ 西堀貞夫氏の特製 CD による
羊水体験をどうぞお楽しみください。

A．自然音Aコース「胎児の心音」　60分／10,000円
B．自然音Bコース「大海原」　60分／10,000円
C．「胎児の心音」「大海原」　120分／20,000円

★量子スキャン＆量子セラピー《メタトロン》

**あなたのカラダの中をDNAレベルまで調査スキャニングできる
量子エントロピー理論で作られた最先端の治療器！**

筋肉、骨格、内臓、血液、細胞、染色体など
──あなたの優良部位、不調部位がパソコン画
面にカラーで6段階表示され、ひと目でわかり
ます。セラピー波動を不調部位にかけることで、
その場での修復が可能！
宇宙飛行士のためにロシアで開発されたこのメ
タトロンは、すでに日本でも進歩的な医師80
人以上が診断と治癒のために導入しています。

A．B．ともに「セラピー」「あなたに合う／合わない食べ物・鉱石アドバイス」「あな
ただけの波動転写水」付き

- A．「量子スキャンコース」 60分／10,000円
  あなたのカラダをスキャンして今の健康状態をバッチリ6段階表示。気になる数
  か所へのミニ量子セラピー付き。
- B．「量子セラピーコース」
    120分／20,000円
  あなたのカラダをスキャン後、全自動で全身の量子セラピーを行います。60分
  コースと違い、のんびりとリクライニングチェアで寝たまま行います。眠ってし
  まってもセラピーは行われます。

★脳活性《ブレイン・パワー・トレーナー》

脳力UP＆脳活性、視力向上にと定番のブレイン・パワー・トレーナーに、新メニュ
ー、スピリチュアル能力開発コース「0.5Hz」が登場！ 0.5Hzは、熟睡もしくは昏
睡状態のときにしか出ないδ（デルタ）波の領域です。「高次元へアクセスできる」
「松果体が進化、活性に適している」などと言われています。

Aのみ 15分／3,000円　　　B〜F 30分／3,000円
AWG、羊水、メタトロンのいずれか（5,000円以上）と同じ日に受ける場合は、
2,000円

- A．「0.5Hz」スピリチュアル能力開発コース
- B．「6Hz」ひらめき、自然治癒力アップコース
- C．「8Hz」地球と同化し、幸福感にひたるコース
- D．「10Hz」ストレス解消コース
- E．「13Hz」集中力アップコース
- F．「151Hz」目の疲れスッキリコース

★植物の高波動エネルギー《ブルーライト》

高波動の植物の抽出液を通したライトを頭頂部などに照射。抽出液は
13種類、身体に良いもの、感情面に良いもの、若返り、美顔……など用途に合わせてお選びいただけます。より健康になりたい方、心身の周波数や振動数を上げたい方にピッタリ！

  A．健康コース　7か所　10〜15分／3,000円
  B．メンタルコース　7か所　10〜15分／3,000円
  C．健康＋メンタルコース　15〜20分／5,000円
  D．ナノライト（ブルーライト）使い放題コース　30分／10,000円

★ソマチッド《見てみたい》コース

あなたの中で天の川のごとく光り輝く「ソマチッド」を暗視野顕微鏡を使って最高クオリティの画像で見ることができます。自分という生命体の神秘をぜひ一度見てみましょう！

  A．ワンみらくる　1回／1,500円（5,000円以上の波動機器セラピーをご利用の方のみ）
  B．ツーみらくる（ソマチッドの様子を、施術前後で比較できます）2回／3,000円（5,000円以上の波動機器セラピーをご利用の方のみ）
  C．とにかくソマチッド　1回／3,000円（ソマチッド観察のみ、波動機器セラピーなし）

★脳活性《ブレインオン》

聞き流すだけで脳の活動が活性化し、あらゆる脳トラブルの予防・回避が期待できます。集中力アップやストレス解消、リラックス効果も抜群。緊張した脳がほぐれる感覚があるので、AWGとの併用がおすすめです！

30分／2,000円
脳力解放「ブレインオン」AWG併用コース
60分／12,000円

★激痛！デバイス《ドルフィン》

長年の気になる痛み、手放せない身体の不調…たったひとつの古傷が気のエネルギーの流れを阻害しているせいかもしれません。他とは全く違うアプローチで身体に気を流すことにより、体調は一気に復活しますが、痛いです！！！

  A．エネルギー修復コース　60分／15,000円
  B．体験コース　30分／5,000円

Self Awakening
エナの超シンプルな生き方
STEP 1
自分に一致して生きる
著者：内山エナ
四六ソフト　本体 1,600円+税

腸は宇宙の全てを記憶している
腸心セラピー®で退化した腸意
識を呼び覚ませ
著者：渡邊千春
四六ソフト　本体 2,000円+税

26のホ・オポノポノ
誰もが幸せに生きる街マルヒア
著者：マベル・カッツ
訳者：伊藤功+伊藤愛子
四六ソフト　本体 2,000円+税

天使のトラップ　第一巻
ハイサイ神様
著者：金城光夫
四六ソフト　本体 1,800円+税

ウィルスの愛と人類の進化
著者：88次元 Fa-A ドクター
ドルフィン 松久 正
四六ハード　本体 1,600円+税

菊理媛と共に 宇宙無限大に開
くドラゴンゲート
あなたの龍の目（松果体）が大
覚醒します！
著者：龍依〜Roy
四六ソフト　本体 2,000円+税